Achtsam Anziehen

Gedruckt auf Papier, das mit dem Blauen Engel ausgezeichnet ist

Dominique Ellen van de Pol

Achtsam Anziehen

NACHHALTIGKEIT IM KLEIDERSCHRANK

Tipps · Anleitungen · Impulse

DEIN 10-WOCHEN-GUIDE

CHRISTIAN

INHALT

TESTIMONIALS
7

INTRO
9

OBSERVE
19

BREAK FREE
57

EMBRACE
107

OUTRO
151

REGISTER
154

QUELLENVERZEICHNIS
156

ÜBER DIE AUTORIN / DANK
158

IMPRESSUM
159

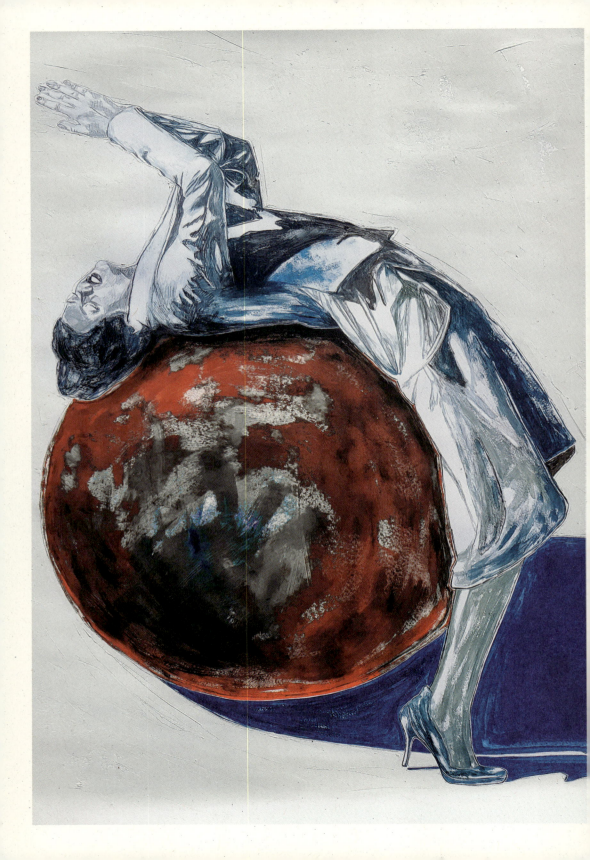

TESTIMONIALS

»Mir ist es lieber, 100 Menschen beginnen, ein bisschen nachhaltiger zu leben, als nur einen Menschen zu haben, der 100 % nachhaltig lebt. Mit ›Achtsam Anziehen‹ ist der Autorin ein wunderbares Werk gelungen, das den Einstieg in eine nachhaltigere Lebensweise und einen nachhaltigen Kleiderschrank ganz einfach möglich macht.«
Thimo Schwenzfeier/Show Director der *NEONYT Berlin* – globaler Hub für Mode, Nachhaltigkeit und Innovation

»Mit ganz viel Fachwissen und Empathie berührt das Buch ›Achtsam Anziehen‹ das Modeherz jeder Futurewoman. So bezeichne ich Frauen, die jeden Tag dazu beitragen, ein Stück weit den Planeten zu retten. Dominique van de Pol beschreibt nicht nur ehrlich und authentisch ihren eigenen Weg zu einem nachhaltigeren Kleiderschrank und ganz nebenbei zu einem besseren Körpergefühl. Sie versorgt uns auch mit den allerbesten Hacks, um es ihr gleichzutun. So macht Slow Fashion Spaß. Danke, Dominique.«
Janine Steeger/Moderatorin, Speakerin und Gründerin der Plattform *Futurewoman*

»Freude an Mode und ein positiver Impact für die Menschen dahinter, für die Umwelt als auch für sich selber ist möglich. Die Autorin hat mit ›Achtsam Anziehen‹ eine inspirierende Anleitung geschaffen, wie wir über einen bewussten Modekonsum neuen Raum finden und gleichzeitig mit Ressourcen und Menschen respektvoll umgehen.«
Ariane Piper/Länderkoordinatorin von *Fashion Revolution Deutschland*

Intro

DAS WICHTIGSTE ZUM EINSTIEG

INTRO

Wie du dieses Buch für dich nutzt

← *Zeit, innezuhalten und durchzuatmen. Verlagere den Fokus vom Mangel auf die Fülle*

Schluss mit den Schränken voll lieblos zusammengewürfeltem Kleiderkram. Schluss mit den Schnäppchenfallen, den Fehlkäufen, den faulen Kleiderkompromissen. Mit dem permanenten Gefühl, nicht das Richtige im Schrank zu haben. Zeit, einfach innezuhalten und durchzuatmen. Deinen Blick zu klären für das, was dir wirklich etwas bedeutet. Für das, was dich berührt, bereichert und verbindet – mit dir selbst und der Welt da draußen. Es ist Zeit, dich zu befreien – von allem, was dich unter dem Strich nur kostet: deine Energie, deine Zeit, dein Geld und unnötigen Raum in deinem Leben. Begib dich auf eine Suche und betrachte deinen Alltag mit liebevollem Blick und voller Neugierde. Entdecke, welche verborgenen Mechanismen dich und deinen Umgang mit Mode prägen. Lerne, sie Schritt für Schritt zu entschlüsseln, zu hinterfragen und in deinem Sinne umzuschreiben. Den Fokus vom Mangel auf die Fülle zu verlagern – diesen Reichtum an Klamotten und Möglichkeiten, der dich jetzt in diesem Moment umgibt. Dieses Buch ist dein Reisebegleiter für deine Expedition in die Tiefe und durch die inspirierenden Facetten nachhaltigen Modekonsums. Ein Manifest für einen neuen Umgang mit Kleidung. Gegen die heutige Wegwerfmentalität und für eine neue Kultur der Wertschätzung, der Achtsamkeit und der modischen Selbstbestimmung.

In a gentle way, you can shake the world.
Mahatma Gandhi

HOW 2 USE THIS BOOK

Dieses Buch ist ein modisches Selbsterfahrungsprogramm. Es basiert auf einer zehnwöchigen Shopping-Diät und ist in einzelne Wochenmodule gegliedert. Jede Woche erwartet dich eine neue Facette des Achtsam-Anziehens mit spannenden Erkenntnissen, kreativen Inspirationen und praktischen Impulsen. Am besten, du reservierst dir schon jetzt ein kleines Notizheft für all deine Gedanken und Reflexionen. Finde heraus, welche der grünen Strategien zu dir passen und wie du sie langfristig in deinem Modealltag kultivierst.

Dein To-do
Um dafür zu sorgen, dass du dranbleibst, blocke dir jetzt einen wöchentlichen Termin in deinem Kalender, z. B. eine Stunde jeden Sonntagmittag immer zur gleichen Zeit.

MEIN WEG ZUM ACHTSAM-ANZIEHEN

Schon seit Kindertagen fasziniert mich die Welt der Mode. Nach dem Abitur stürzte ich mich in ein Modestudium an der Hochschule Reutlingen. Im Praxissemester ging ich für drei Monate nach Antwerpen, um für den Modedesigner Tim van Steenbergen zu arbeiten, anschließend für drei Monate nach Indonesien. Dort war ich in einer Textilagentur tätig, die für europäische Modemarken Kleidung produzieren lässt. Als Mitarbeiterin in der Qualitätskontrolle besuchte ich zahlreiche Fertigungsbetriebe in der ganzen Region. Die Eindrücke

ACHTSAMKEIT

Achtsamkeit ist eine Form der mentalen Aufmerksamkeit. Dabei geht es um das bewusste Fokussieren auf den gegenwärtigen Moment.

Achtsamkeitstechniken helfen nachweislich dabei, die eigene Wahrnehmung zu schärfen und sich langfristig aus unbewussten Handlungen und Verhaltensmustern zu lösen.

dort haben mich geprägt und das Schicksal der Menschen hinter unserer Mode hat mich seitdem nicht mehr losgelassen. Ich begann, mich mit nachhaltiger Mode zu beschäftigen, und fand hierin mein Spezialgebiet, durch das ich meine langjährige Faszination für Mode endlich mit meiner tiefen Sehnsucht nach Sinnhaftigkeit verbinden konnte. Nach meinem Bachelor-of-Arts-Abschluss in Mode- und Textildesign zog es mich in die Niederlande für ein internationales Master-Studium in den Bereichen Modetheorie, Trendforschung und Markenkommunikation. Danach war ich einige Jahre in der Unternehmenskommunikation internationaler Modemarken in der Schweiz und in Deutschland tätig und machte mich 2011 schließlich als freie Fachjournalistin und Kommunikationsberaterin für grüne Mode selbstständig. Seitdem habe ich mit vielen internationalen Lifestyle-Marken und Institutionen im In- und Ausland zusammengear-

← Wer fertigt unsere Kleidung und unter welchen Bedingungen?   ↑ Achtsamkeit verändert die Sicht auf die Welt

beitet. Als Mode- und Nachhaltigkeitsexpertin bin ich regelmäßig Gast in diversen Medien. Vor einigen Jahren erkrankte ich schwer an einer Immunschwäche und stand kurz vor dem Burn-out. Dies schenkte mir den Antrieb und die Muße, mich intensiv mit dem Thema Achtsamkeit zu beschäftigen. Ich belegte Kurse, ging immer wieder für Achtsamkeits-Retreats in ein buddhistisches Kloster, begann zu meditieren, Yoga zu praktizieren und meine Ernährung radikal umzustellen. Die Achtsamkeitspraxis hat meine Sicht auf die Welt nachhaltig verändert und mir geholfen, bewusster und liebevoller mit mir, meinen Mitmenschen und der Welt um mich herum umzugehen.

Achtsamkeit regt mich dazu an, mich immer wieder mit mir selbst, meinem Atem, meinem Körper und der Welt um mich herum zu verbinden. Achtsam anziehen bedeutet für mich, mir immer wieder bewusst zu machen, wie

↑ Who made my clothes? → Wie schillernd ist die Modebranche wirklich?

viel Zeit, Geduld und harte Arbeit in jedes einzelne Stück, in jede einzelne Naht, in jede einzelne Faser meiner Kleiderschätze geflossen ist. Dass die Sonne, der Regen, die Erde und die Hände zahlloser Menschen in aller Herren Länder dazu beigetragen haben, dieses eine Kleidungsstück zu fertigen, das jetzt wie ein kollektives Geschenk vor mir liegt und nur darauf wartet, zum Einsatz zu kommen. Ein Stück, das wie ein roter Faden die ganze Welt umspannt und Menschen und Schicksale miteinander verbindet.

KLEIDERLUST UND KLIMAWANDEL

Die schillernde Modebranche ist die zweitschmutzigste Industrie der Welt. Seit dem Aufkommen der Fast Fashion um die Jahrtausendwende hat sich unser Modekonsum

ACHTSAM ANZIEHEN

Allein durch deine zehnwöchige Shopping-Diät im Rahmen dieses Buches sparst du:

» 38 Kilogramm an schädlichen CO_2-Emissionen (Quelle: Carbon Trust). Zum Vergleich: Die Produktion eines Smartphones verursacht 30 Kilogramm.

» rund 125 Euro

» mehr als 13 440 Liter Frischwasser

innerhalb kürzester Zeit verdoppelt, die weltweite Textilindustrie ist rasant gewachsen. Wir Deutschen lieben Kleidershopping und kaufen mittlerweile mehr als ein neues Teil pro Woche (rund 65 neue Kleidungsstücke im Jahr). Dreimal so viel wie der weltweite Durchschnitt – Tendenz steigend. Was jedoch die wenigsten Menschen wissen: Mehr als die Hälfte der schädlichen Emissionen, die durch unseren Kleiderkonsum verursacht werden, entsteht hierzulande bei der Nutzung unserer Kleidung im Alltag. Dieses Buch hält zahlreiche Impulse für dich bereit, wie du schon mit kleinen Veränderungen einen echten Beitrag für die Umwelt leisten kannst – ohne auf den Spaß an Mode zu verzichten. Impulse sind praktische Übungen, um deine Erfahrungen und Erkenntnisse zu vertiefen. Sie bringen dich ins Handeln und stärken deine Achtsamkeit.

READY, STEADY, GO!

Bist du bereit, hinter die Mechanismen der Mode zu blicken? Zu erkennen, was da eigentlich in und mit dir passiert beim Anziehen und beim Shoppen von Kleidung? Der Schlüssel, um dich aus unbewussten Verhaltensmustern zu befreien, ist deine Bereitschaft, hier und heute innezuhalten und neugierig zu sein. Und was wäre besser geeignet als eine modische Fastenkur, um dich aus ungesunden Verhaltensweisen zu befreien und voller Leichtigkeit und Tatendrang in ein neues Lebenskapitel zu starten?

Ich freue mich, dass du dabei bist, und wünsche dir eine spannende Reise!

 Los geht es hier mit zwei einfachen Übungen.

↑ *Fair Fashion ist alles andere als verstaubt*

AUFGABEN

1 Nimm dir einen Zettel und mache in den nächsten fünf Minuten ein kleines Brainstorming. Lass dir Zeit beim Schreiben, auch Zeichnungen sind willkommen.

2 Frage dich: Wonach sehne ich mich aktuell? Welche Erfahrungen möchte ich gerne stärker in mein Leben holen und wie könnte ich mein Geld dafür einsetzen?

3 Entscheide dich für ein bis zwei Ideen, kreise sie ein und formuliere darunter deine Absicht: »In den nächsten zehn Wochen werde ich mein Modebudget bewusst sparen und es nutzen, um …«

4 Notiere das heutige Startdatum und das voraussichtliche Ende deines Modeabenteuers.

5 Suche dir einen schönen Platz in deinem Zuhause und hänge den Zettel dort bis zum Ende deiner Mode-Challenge auf.

IMPULS — Note to myself

Um deine modische Detox-Kur noch einfacher und effektiver durchzuhalten, darfst du dir jetzt ein konkretes Ziel setzen, für das du dein gespartes Modebudget am Ende deiner persönlichen Fashion Challenge nutzen möchtest.

Du könntest das Geld zum Beispiel

» in deine Garderobe investieren und dir (vielleicht erstmals) ein besonderes, eco-fair produziertes Stück leisten.

» das Geld in eine besondere Erfahrung stecken, die du schon lange erleben willst.

» dich zu einem Kreativkurs anmelden (online oder offline), zum Beispiel einem Nähkurs oder einem Handlettering-Kurs, je nachdem, was dich interessiert.

» das Geld sparen.

» dir damit eine Auszeit in der Natur schenken.

» das Geld einem inspirierenden Hilfsprojekt spenden, das dich schon lange begeistert.

Du allein entscheidest, was dich während deiner modischen Challenge am besten motiviert!

Observe

VERBORGENE MUSTER ENTSCHLÜSSELN

NOTIZEN

↑ *Kauf dich glücklich!? Erfahre, was Shopping mit dir macht*

WOCHE 1

Die Neurologie des Shoppings

← *Zuschlagen oder standhaft bleiben? Angesichts starker Kaufanreize ist Widerstand nahezu unmöglich*

Kennst du das? Du betrittst mit einer Freundin fröhlich einen Klamottenladen und findest dich kurz darauf an der Kasse wieder, in der Hand eine Tüte mit einem neuen Stück. Glücklich und euphorisch trägst du deine Beute nach Hause, nur um dich kurze Zeit später am Kleiderschrank zu fragen, was dich da eigentlich geritten hat. Die Euphorie ist bereits verflogen und irgendetwas stört dich an dem Teil. Die Farbe, das Muster, der Schnitt oder der Stil? Wie kann es sein, dass wir uns im Laden heiß glühend in ein Stück verlieben, nur um nach kurzer Zeit festzustellen, dass uns die Klamotte nicht mehr als ein müdes Lächeln entlockt? Das vermeintliche Lieblingsteil entpuppt sich nach und nach als Fehlkauf und hängt auch nach Monaten noch ungetragen und fabrikfrisch mit Etikett am Bügel in unserem Kleiderschrank und starrt uns immer wieder vorwurfsvoll an.

SHOPPING – EIN FEUERWERK DER GEFÜHLE

Wie intensiv die Euphorie beim Kleidershopping tatsächlich in uns wirkt, bewies 2015 eine wissenschaftliche Studie der University of Michigan: Der Kaufrausch bei der Schnäppchenjagd entspreche den Glücksgefühlen, die uns beim Sex durchströmen. Eine Untersuchung der Carnegie Mellon University belegte, dass sich Einkaufen stimmungsaufhellend auf unsere Psyche auswirkt. Gerade in niedergeschlagener, ängstlicher oder trauriger Verfassung sind wir Impulskäufen daher deutlich stärker zugetan. Studienteilnehmer, die akut an einer Depression litten, neigten daher zu Spontankäufen. Sobald eine Therapie mit Antidepressiva erfolgte, sank auch ihre Kaufbereitschaft. Doch was genau spielt sich beim Kleiderkauf in unseren Köpfen ab?

ENGELCHEN UND TEUFELCHEN

Neurobiologen der Universität Stanford fanden heraus, dass bei der Frage »Kaufen oder nicht?« drei Regionen in unserem Gehirn aktiv werden. Ähnlich dem Klischee eines imaginären Engelchens und Teufelchens auf unseren Schultern lösen zwei Hirnregionen völlig gegensätzliche Gefühlsregungen aus. Hinter dem Teufelchen verbirgt sich der Nucleus accumbens – das Belohnungssystem unseres Gehirns. Genau dort entfaltet auch die Droge Ecstasy ihre Wirkung. Allein der Anblick eines neuen Kleidungsstückes stimuliert diese Hirnregion, die eine positive Erwartung in uns schürt und für die Ausschüttung von Glückshormonen sorgt. Der Blick auf den Preis hingegen regt unsere Inselrinde an, die dem Engelchen auf unserer Schulter entspricht. Dieser Teil des Großhirns spielt eine wichtige Rolle bei der Wahrnehmung und Bewertung von Schmerzen. Schon der leidige Gedanke ans Bezahlen verursacht uns Qualen, weshalb unser inneres Engelchen zum Verzicht mahnt. Im präfrontalen Cortex werden die widersprüchlichen Gefühle gegeneinander aufgewogen. Die Emotion, die überwiegt, entscheidet, ob wir zugreifen oder standhaft bleiben. Das Warenangebot günstiger Modeanbieter

→ *Voll auf Dopamin – schon die Vorfreude auf einen Kauf genügt, um unser Gehirn mit Glückshormonen zu fluten*

konfrontiert uns jedoch permanent mit Kleidung zu Billigpreisen, die uns ganz automatisch in Kaufrausch versetzt und unseren Körper mit Glückshormonen überschwemmt, während unsere Inselrinde angesichts der günstigen Preise keinerlei Einwände erhebt.

Fazit

Die Versuchung gerade bei vermeintlichen Schnäppchen ist riesig und wir sind alle nur Menschen. Betreten wir einen Laden, so sind wir praktisch nicht mehr in der Lage, beim Shopping überlegt zu handeln.

SHOPPING MIT ALLEN SINNEN

Daneben gibt es weitere Mechanismen, die uns dazu bringen, weit mehr zu kaufen, als wir eigentlich wollen. Demnach erhöht die gleichzeitige Ansprache verschiedener Sinne unsere Kaufbereitschaft um bis zu 300 Prozent (Quelle: W. Schneider: Zur Kasse, Schnäppchen). So kombinieren viele Läden die optische Inszenierung ihrer Produkte ganz gezielt mit Musik und speziellen Düften. Bei weiblicher Kundschaft weckt die Duftnote Vanille offenbar effektiv die Kauflaune, während die Herren besonders bei würzigen Aromen zugreifen. Die optimale Einkaufsmusik in Kaufhäusern entspricht mit 72 Taktschlägen pro Minute genau unserem Ruhepuls. Ganz unbewusst drosseln wir dadurch unsere Geschwindigkeit, schlendern durch die Gänge, nehmen uns Zeit, einzelne Produkte näher zu betrachten, und kaufen letztlich mehr. Die musikalische Untermalung hängt jedoch stark vom jeweiligen Modeanbieter ab. In kleineren Boutiquen und hippen Stores wird oft eine ruhige Musik gewählt, während manche Modeketten, die ein junges Publikum anvisieren, ihre Kundinnen und Kunden mit lauter Pop- und Clubmusik beschallen. Auch Sitzgelegenheiten sucht man dort meistens vergebens. Statt Entspannung gilt es, einen Zustand nervöser Euphorie heraufzubeschwören, der den Kaufrausch gleichermaßen befeuert.

DER AFFE IN UNS

Je länger sich Menschenaffen gedulden müssen, eine Belohnung zu erhalten, desto mehr steigert diese Vorfreude ihre Glücksgefühle. Das bewies eine Studie des Neurowissenschaftlers Robert Sapolsky, veröffentlicht im Fachblatt *Psychology Today*. Diese Glückshormone, die auch uns Menschen beim Shopping durchfluten, werden nicht etwa in dem Moment ausgeschüttet, in dem wir ein neues Stück kaufen. Bereits die Vorfreude auf den Kauf genügt, um unseren Körper mit Dopamin zu durchfluten. Das Glück hält jedoch nur so lange an, bis wir die Belohnung in den Händen halten. Genau dann nämlich versiegen die körpereigenen Drogen wieder. Es überrascht daher nicht, dass rund 75 Prozent der Befragten einer Studie angaben, dass sie Onlineshopping mittlerweile mehr begeistert als klassisches Offlineshopping – weil sie neuen Warensendungen jedes Mal voller Vorfreude entgegenblicken (Quelle: Studie *Digital Dopa-*

mine/Razorfish). Aus Nachhaltigkeitssicht ist Onlineshopping leider jedoch mit hohen Klimakosten verbunden. Bestellen wir beispielsweise drei Paar Schuhe und entscheiden uns letztlich nur für eines, verdreifacht sich der negative Impact des einen Paares. *DHL* schätzt die deutschen Klimakosten für den Transport von derzeit 286 Millionen Warenrücksendungen jährlich auf unglaubliche 143 000 Tonnen schädlicher CO_2-Emissionen. Die Waren, die am häufigsten zurückgesendet werden, sind modische Textilien und Schuhe mit Retourenquoten von bis zu 80 Prozent. Eigentlich kaum verwunderlich, wenn wir uns vor Augen halten, was ein neues Stück an Kriterien erfüllen muss: Ein Stück soll genau passen, bequem sein und perfekt aussehen – beim Onlineshopping ein echtes Glücksspiel.

HABIT HACKS GEGEN IMPULSKÄUFE

Hier findest du Tipps und Tricks für kreative Gegenmaßnahmen und ein achtsameres Vorgehen beim Kleiderkauf. Werde Herr*in über deine Sinne und emanzipiere dich von künstlichen Kaufimpulsen!

WHAT I REALLY NEED

Frage dich ehrlich, was du überhaupt benötigst, BEVOR du einen Laden betrittst. Sortiere deinen Kleiderschrank am Anfang einer neuen Saison durch und überlege dir, was eine echte Ergänzung zu deiner Garderobe wäre und wonach du bei Bedarf Ausschau halten willst.

AUGEN ZU BEIM KLEIDERKAUF

Probiere alles an und schließe dabei deine Augen. Spüre nach, ob das Stück tatsächlich so perfekt sitzt, wie du meinst. Lass dein Gefühl entscheiden, nicht deine Augen.

VERZÖGERE DEINE KAUFENTSCHEIDUNG

Lass dir neue Teile so oft und so lange wie möglich zurücklegen. Oft flaut die Begeisterung schnell ab und wir vergessen all die wunderbaren Objekte unserer Begierde einfach wieder. Gerade schnelles, impulsives Shopping führt leider oft zu unnötigen Fehlkäufen. Falls du auch nach Tagen noch an das gute Stück denkst, hat es die erste Hürde erfolgreich gemeistert. Kaufst du es nun, stehen die Chancen gut, dass du an dem Kleidungsstück noch lange Freude haben wirst.

← Indem du weißt, was du wirklich benötigst, emanzipierst du dich spürbar von äußeren Kaufanreizen
→ Vorsicht, Fehlkauf! Beim Onlineshopping von Mode beträgt die Retourenquote bis zu 80 Prozent

TIPPS

Tipps für klimafreundliches Onlineshopping

» Frage dich, ob du ein Produkt tatsächlich benötigst. Packe es in den Warenkorb und schlafe mindestens eine Nacht darüber.

» Finde heraus, ob das Stück in deiner Nähe zu finden ist, und probiere es erst einmal an. Genügt es deinen Ansprüchen wirklich?

» Kaufe Schuhe lieber im Laden, wo du sie anprobieren kannst, um Rücksendungen zu vermeiden.

» Bestelle bei wenigen Anbietern und bündle deine Sendungen.

» Finde nette Menschen, die deine Pakete bei Bedarf annehmen, um verpasste Warensendungen zu vermeiden.

» Wähle öfter Standard- statt Express-Versand, damit Lieferfahrzeuge optimal ausgelastet werden können.

ⓘ Auf den folgenden Seiten habe ich zwei IMPULSE als praktische Übung für dich vorbereitet, mit denen du deine Erfahrungen und Erkenntnisse vertiefen kannst. Sie bringen dich ins Handeln und stärken deine Achtsamkeit. Wähle aus den folgenden Impulsen denjenigen aus, der dich am meisten reizt, und setze ihn in den nächsten sieben Tagen in die Tat um. Viel Spaß dabei!

IMPULS – Shopping-Safari

1 Deine Mission: Selbstreflexion – begib dich in der kommenden Woche auf eine Shopping-Safari und setze dir jetzt einen Termin dafür im Kalender.

2 Besuche mindestens einen Klamottenladen deiner Wahl – OHNE etwas zu kaufen. Sei stark – »You can do it!«. Willst du auf Nummer sicher gehen, lass deinen Geldbeutel zu Hause.

3 Vor Ort: Überprüfe, welche deiner Sinne im Laden angesprochen werden und mit welchen Gedanken und Gefühlen du darauf reagierst. Was springt dir besonders ins Auge? Kannst du dein inneres Engelchen und Teufelchen vernehmen und was sagen sie?

4 Auf dem Heimweg: Notiere deine Gedanken und Erkenntnisse. Wie hast du dich gefühlt, vor, während und nach deinem Ladenbesuch? In welchen Situationen und Gemütslagen gehst du normalerweise shoppen? Wie lange hält die Freude an einem Neuerwerb durchschnittlich an?

IMPULS – Field of Flowers

Statt dich auf äußere Sinneseindrücke zu konzentrieren, fokussierst du dich auf dich und nutzt die Kraft der Visualisierung, um deine Resilienz gegenüber äußeren Kaufimpulsen zu stärken.

1 Besuche in der kommenden Woche einen Modeladen deiner Wahl, OHNE etwas zu kaufen, und blocke dir dafür jetzt einen Termin im Kalender.

2 Die farbenfrohen Textilien und Kleidungsstücke beim Shopping sind wie bunte Blumen auf einer Frühlingswiese. Stelle dir vor, du spazierst durch einen wunderschönen Park und genießt dieses Blütenmeer mit allen Sinnen. Dafür musst du die Blumen nicht pflücken. Du lässt sie einfach stehen und erfreust dich daran.

3 Wenn starke Wünsche und Begehrlichkeiten in dir aufsteigen, lege dir einen Satz zurecht, um Kaufanreize abzublocken. Zum Beispiel: »Auch ohne dich zu besitzen, erfreue ich mich an deiner Schönheit.«

4 Je öfter du dein kleines Mantra benutzt, desto leichter wird es dir gelingen, dich an schönen Dingen zu erfreuen, ohne sie automatisch zu kaufen.

NOTIZEN

↑ *Den Schrank voller Klamotten und trotzdem das Gefühl, nicht »das Richtige« zu besitzen?*

WOCHE 2

Vor dem Kleiderschrank

Kennst du das? Du stehst ratlos vor deinem übervollen Kleiderschrank und trotz der vielen Stücke ergreift dich das Gefühl, nicht das Richtige zum Anziehen zu haben. Der Anblick deiner Klamotten stresst und frustriert dich und du sehnst dich nach mehr Ruhe, Klarheit und Inspiration. Genau deswegen begeistert dich neue Mode im Geschäft, im Netz oder in Zeitschriften umso mehr. Dort werden Outfits ansprechend präsentiert, während dich zu Hause ein liebloser, zusammengewürfelter Klamottenhaufen erwartet. Sporadische Aussortieraktionen und Kleiderspenden lassen dich kurz aufatmen – bis dein Schrank nach kurzer Zeit wieder überquillt. Laut Greenpeace besitzen die Deutschen rund 5,2 Milliarden Kleidungsstücke. Männer haben durchschnittlich 73 und Frauen im Schnitt 118 Kleidungsstücke im Schrank. 40 Prozent davon, also umgerechnet 2 Milliarden Kleidungsstücke, tragen wir selten oder nie. Zeit, diesen ungesunden Kreislauf zu durchbrechen.

← *Ein Kleiderschrank voller modischer Möglichkeiten. Zu viel Kleiderkram kann jedoch schnell belasten und uns sogar krank machen*

Stuffocation

Unser Klamottenberg lastet auf uns. Wie sehr, wurde mir bewusst, als ich vor einigen Jahren auf die Geschichte von Courtney Carver stieß. Die US-Amerikanerin ist eine der Gallionsfiguren der internationalen Slow-Fashion-Szene und ihr *Project 333* ist eine der weltweit beliebtesten Minimalismus-Challenges. Carver arbeitete jahrelang als Managerin in der Werbebranche, bis sie 2006 die Diagnose Multiple Sklerose erhielt. Sie begab sich auf ärztlichen Rat hin auf die Suche nach Dingen und Alltagssituationen, die Stress in ihr auslösten. Dabei entdeckte sie, dass der größte Stressfaktor für sie ihr überfüllter Kleiderschrank war. Um sich von unnötigem Ballast zu befreien, entschied sie sich zu einem radikalen Schritt und reduzierte ihre Garderobe für die Dauer von drei Monaten auf lediglich 33 Stücke. Sie taufte das Experiment *Project 333* und berichtete im Netz über ihren Kampf gegen

> **NOT ONE OF MY HAPPIEST MEMORIES IS TIED TO ANYTHING I OWN.**
>
> **ABBE WRIGHT**

PROJECT 333

» Die Challenge: die eigene Garderobe drei Monate lang auf 33 Modeartikel reduzieren.

» Eingeschlossen in die Anzahl von 33 Stücken sind: Jacken, Schuhe, Accessoires sowie Schmuck.

» Nicht eingerechnet werden: Schmuckstücke, die du niemals ablegst (z. B. einen Ehering), Unterwäsche, Sportkleidung, Schlafanzug und Homewear, die du nur zu Hause trägst.

» Mehr Informationen findest du auf Courtney Carvers Blog bemorewithless.com (englisch) oder auf Google unter »Projekt 333« (deutsch).

»Stuffocation« (Ersticken an zu viel) und ihre Reise hin zu einem entspannteren Leben. Das Projekt stieß weltweit auf Begeisterung. Bis heute stellen sich mehr und mehr Menschen dieser radikalen Challenge, um herauszufinden, wo ihre individuelle Grenze zwischen zu viel und zu wenig verläuft und wie viel Kleidung sie für ein erfülltes Leben benötigen.

DER WAHRE IMPACT UNSERER KAUFLUST

Es gibt einen weiteren Grund, deinen Kleiderkonsum kritisch zu hinterfragen: Mit unserer derzeitigen Kauflust belasten wir die Umwelt und beeinträchtigen das Schicksal anderer Menschen und Lebewesen immens. Denn schon durch kleine, vermeintlich belanglose Alltagsentscheidungen hinterlassen wir unsere Spuren.

← Wenige aussagekräftige Stücke mit großer Wirkung   ↑ Baumwolle – die beliebteste Faser der Deutschen

DURSTIGE BAUMWOLLE

Eine einzige neue Jeans verbraucht im Durchschnitt unglaubliche 9 000 Liter Frischwasser. Das entspricht 60 vollen Badewannen. Dieses Wasser kommt aber nicht etwa aus Regionen der Welt ähnlich wie Deutschland, wo es Wasser im Überfluss gibt. Das Wasser, das in die Produktion unserer Baumwolltextilien fließt, kommt meist aus Regionen nahe des Äquators, in denen die Baumwollpflanze wächst. Aus heißen Ländern, in denen oft starke Wasserknappheit herrscht und das Wasser, das für die Baumwollproduktion verbraucht wird, an anderer Stelle fehlt. Aus Ländern wie Usbekistan – ein wichtiger Baumwolllieferant für den Weltmarkt. Der intensive Anbau von Baumwolle hat dort in den letzten Dekaden zu einer der größten Umweltkatastrophen geführt, die je vom Menschen verursacht wurden. Was war geschehen? Die Zuläufe des Aralsees, des ehemals viertgrößten Binnenmeeres der Erde, wurden nach und nach umgeleitet, um riesige Baumwollplantagen zu bewässern. Innerhalb weniger Dekaden verschwand daraufhin fast der komplette Aralsee und wurde zu einer lebensfeindlichen, hochtoxischen Salzwüste. Heute erinnern einsame Geisterschiffe inmitten einer Mondlandschaft an die Fischfangflotten vergangener Tage. Ein eindrucksvolles Bild für den extremen Durst der Baumwollpflanze: Würde das Wasser, das gerade weltweit in den Baumwollanbau fließt, auf alle Bewohner der Erde umgelegt, so hätte jeder von uns rund 140 Liter Wasser zur Verfügung – jeden Tag! Zum Vergleich: Die Deutschen verbrauchen täglich im Durchschnitt gut 123 Liter Wasser pro Kopf (Quelle: Statista).

Kein anderes Textil verbraucht so viel Wasser wie konventionelle Baumwolle – die beliebteste Faser der Deutschen.

Nachdem du nun den Schattenseiten deiner Kauflust nachgespürt hast, geht es darum, möglichst viele spannende Erkenntnisse aus bereits getätigten Kleiderkäufen zu ziehen, um in Zukunft effektiver und achtsamer beim Shoppen vorzugehen.

AUS LIEBLINGSTEILEN UND FEHLKÄUFEN LERNEN

Stelle dich vor deinen Kleiderschrank, lasse den Blick voller Neugierde über jedes einzelne Stück wandern. Viel wichtiger als die reine Optik ist das Gefühl, das ein bestimmtes Kleidungsstück bei dir auslöst. Egal, ob Fehlkäufe oder Lieblingsstücke – es lohnt sich, dein textiles Hab und Gut eingehender zu betrachten, um beim Einkaufen gezielter vorgehen zu kön-

TIPPS

» Spüre deinen unbewussten Ansprüchen in dieser Woche aktiv nach und formuliere deine individuellen Modevorlieben – die beste Basis für alle zukünftigen Shopping- und Sortieraktionen!

» Je intensiver du dich einmal mit deinen individuellen Modekriterien befasst hast, desto kompromissloser gehst du beim Kleiderkauf vor und sitzt Fehlkäufen und Schnäppchenfallen viel seltener auf.

↑ *Geh in dich und begib dich aktiv auf die Suche nach deinen verborgenen Modekriterien*

nen. So habe ich zu meiner eigenen Überraschung festgestellt, dass ich beim Shopping ganz anderen Kriterien den Vorzug gebe als morgens vor dem Kleiderschrank. Im Laden lasse ich mich eher vom Preis und der Optik beeinflussen, während für mich am Morgen eher der Tragekomfort und die Weichheit des Materials den Ausschlag geben. Aus meinen Fehlkäufen habe ich gelernt, dass ich im Laden immer wieder zu Kleidung tendiere, die eigentlich zu eng oder zu kurz für mich ist. Mit diesen Erkenntnissen kann ich beim Shopping aktiv gegensteuern. Es ist höchst aufschlussreich, die eigenen Klamotten einmal ganz genau zu analysieren. Nach welchen Kriterien gehst du beim Anziehen und Einkaufen vor?

Der Impuls »Deinen Modekriterien auf der Spur« am Ende dieses Kapitels lässt dich Schritt für Schritt spannende Einsichten aus deinen Lieblingsstücken und Fehlkäufen gewinnen. Denn jede*r von uns besitzt individuelle Modekriterien und Vorlieben. Wenn alle diese (oft unbewussten) Kriterien erfüllt sind, fühlen wir uns rundum wohl und selbstsicher. Dann können wir uns mit Wichtigerem beschäftigen als mit unserer Kleidung.

HABIT HACKS AM KLEIDERSCHRANK

*Befreie dich von textilem und mentalem Ballast,
um in Zukunft beschwingt in den Tag zu starten.*

SCHLECHTE LAUNE IM REGAL

Neben den Kleiderbergen selbst gibt es meist weitere Situationen beim Anziehen, die Stress und negative Emotionen auslösen. Zum Beispiel, wenn wir immer wieder mit Kleidungsstücken konfrontiert sind, die uns einen Stich versetzen. Viele Menschen denken, sie würden sich etwas Gutes tun, indem sie Kleidungsstücke, die ihnen mittlerweile zu klein sind, im Schrank belassen.

NICHTS ANZUZIEHEN

Eine Situation, die vielen Frauen bekannt sein dürfte: Du stehst frustriert vor dem Kleiderschrank und kannst einfach nicht das richtige Outfit für den heutigen Anlass finden! Die Zeit läuft, du musst gleich los und du wirst langsam panisch. Zeit, einmal hinter dieses Phänomen zu blicken. Mit der genialen Fragemethode *The Work* der Bestsellerautorin und Speakerin Byron Katie habe ich diese Situation einmal von Grund auf für mich aufgedröselt. Ich habe erkannt, dass mich diese Situation meist vor besonderen Geschäftsterminen oder Anlässen heimsucht – immer dann, wenn ich im Mittelpunkt stehe. Dann habe ich das Gefühl, dem Urteil anderer Menschen ausgeliefert zu sein, und denke, ich muss perfekt sein. Heute weiß ich, dass ich im Grunde genommen überhaupt nicht auf die Bestätigung anderer angewiesen bin, weil ich mir das Gefühl der Anerkennung und Annahme letztlich nur selbst geben kann. Ich habe erkannt, dass die leise Nervosität und Vorfreude, beispielsweise vor einer Präsentation, durch den Gedanken »Nichts anzuziehen!« plötzlich eine negative

← *Ein Phänomen, das viele Menschen nur zu gut kennen. Mit Achtsamkeit kann es dir gelingen, hinter die Mechanismen zu blicken und die Panik und den Frust aufzulösen*

Eigendynamik entwickelt, die mich vom Wesentlichen ablenkt und verunsichert. Mir ist heute bewusst, dass der Gedanke »Nichts anzuziehen!« das eigentliche Problem darstellt und das Gegenteil »Ich habe so viele schöne Stücke im Schrank« mindestens ebenso wahr ist oder sogar noch zutreffender.

IST DAS WAHR?

Ertappe ich mich heute bei diesem negativen Mantra, so halte ich kurz inne, frage mich »Ist das wahr?« und lächle mir und meiner Nervosität liebevoll zu. Seitdem habe ich auch nicht mehr den Impuls, vor einem besonderen Anlass oder Termin automatisch etwas Neues kaufen zu wollen, wie es uns ja permanent von außen suggeriert wird. Ich sehe es als kreative Challenge, mich meiner vorhandenen Kleiderschätze zu bedienen, und fahre damit richtig gut. Kennst du den Gedanken »Nichts anzuziehen!« auch und all die negativen Emotionen, die er mit sich bringen kann? Dann freue dich auf das nächste Mal, wenn du ihn in deinem Kopf entdeckst. Halte inne, atme tief durch, richte deine Aufmerksamkeit voller Neugierde und Sanftmut nach innen und frage dich: »Ist das wahr?« Vertraue mir – es lohnt sich!

ⓘ Auf der folgenden Seite habe ich einen IMPULS als praktische Übung für dich vorbereitet. Viel Spaß damit!

TIPPS

» Befreie dich radikal von allen Stücken, die dir ein schlechtes Gefühl geben und deinem Selbstwert schaden! Nicht du bist zu dick, sondern die Klamotten sind zu klein – und erfüllen damit deine angemessen hohen Ansprüche nicht mehr.

» Wenn du kleinere Stücke trotzdem noch eine Zeit lang aufheben möchtest, dann lagere sie lieber gesondert im Keller oder auf dem Dachboden ein. Sichte sie ein Jahr später und entscheide, ob du die Stücke weitergeben möchtest.

IMPULS – Deinen Modekriterien auf der Spur

Sichte deine gesammelten Schätze und suche jeweils fünf Lieblingsstücke und Fehlkäufe heraus und breite sie auf deinem Bett aus. Nimm dein Notizbuch zur Hand und los geht's!

DEINE MISSION – SELBSTREFLEXION

1 Was an diesen Klamotten gefällt dir besonders (hinsichtlich Farbe, Material, Schnitt, Stil, Design, Muster, Motiv oder anderer modischer Eigenschaften)?

2 Was stört dich konkret?

3 Was kannst du aus dieser Analyse lernen, um in Zukunft effektiver einzukaufen?

4 Nimm deine fünf Lieblingsstücke zur Hand und erstelle fünf bis zehn schöne Outfitkombinationen (inklusive Accessoires) für unterschiedliche Anlässe (Arbeit, Freizeit, besondere Events). Nutze zum Kombinieren gerne die anderen Klamotten in deinem Schrank.

5 Fotografiere die Outfits zur Erinnerung mit deinem Handy. Wann immer du nicht weißt, was du anziehen sollst, erinnere dich an deine Lieblingsstücke und Outfitkombinationen und sichte die Fotos bei Bedarf.

↑ *Selbst bei normal- und untergewichtigen Mädchen ist das Gefühl, »zu dick« zu sein, weitverbreitet*

WOCHE 3

Vor dem Spiegel

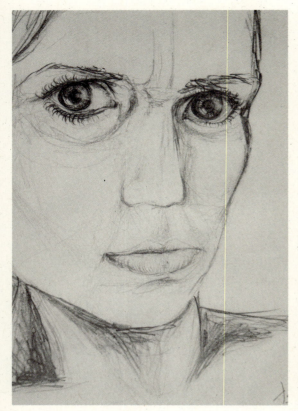

↑ *Mit welchen Gedanken betrachtest du dich?*   ↑ *Der fiesen Stimme in deinem Kopf auf der Spur*

Kennst du das? Betrachtest du dich im Spiegel oder auf einem Foto, reduzierst du dich automatisch auf deine vermeintlichen Schönheitsmakel. Bei Menschen, die du magst, fällt es dir hingegen leicht, sie als ganze Person zu betrachten mit vielfältigen Eigenschaften, Qualitäten und Talenten.

BODY HATE & BIG BUSINESS

Warum fällt es so schwer, uns selbst liebevoll zu begegnen? Als Kleinkinder hatten wir noch einen klaren, ungetrübten Blick auf unseren Körper. Wir erlebten ihn als fantastisches Instrument, um die Welt da draußen mit allen Sinnen zu erkunden, anderen Menschen zu begegnen und uns mit ihnen zu verbinden. Erst mit den Jahren in einer Kultur, die Unsicherheiten und Selbstzweifel nährt, ist ganz langsam die Gewissheit in uns herangereift: Ich bin nicht gut genug. Ich bin zu fett/zu dünn/zu alt/zu faltig. Mit anderen Worten – nicht wertvoll, so wie ich bin. Doch warum inszeniert die Medienwelt übernatürliche Schönheit und Attraktivität als wichtigstes Gut und vermittelt uns damit, wir seien minderwertig? Weil es sich lohnt!

Würden morgen alle Frauen auf der Welt in den Spiegel blicken und sich gefallen, müssten wir den Kapitalismus neu denken. Wie viele Industrien bauen heutzutage auf die weibliche Fähigkeit, sich zu hassen? Die Medien, die untrennbar mit der Industrie verbunden sind, haben diesen Selbsthass genährt. (...) Junge Frauen müssen verstehen, dass sie ausgebeutet, manipuliert und dazu verführt werden, sich selbst zu hassen, nur damit einige wenige Menschen daraus astronomische Profite schlagen können.
Gail Dines im Film The Illusionists

Das gängige Schönheitsideal macht uns also systematisch zu eifrigen Konsument*innen und entfremdet uns Schritt für Schritt von uns selbst.

BEAUTY SICK

Auch ich habe mich mein halbes Leben lang immer wieder sehr unwohl gefühlt in meiner Haut. Obwohl ich mein Leben lang viel Aufmerksamkeit und Anerkennung für mein Aussehen erhielt, kämpfte ich gerade in meinen Jugendjahren mit Selbsthass und Komplexen hinsichtlich meines Körpers. Erst als mein Körper vor wenigen Jahren schwer krank in die

BODY HATE

Wie schlecht es um die Beziehung zu unserem Körper bereits steht, zeigen folgende Zahlen:

» 91 Prozent der deutschen Frauen sind unzufrieden mit ihrem Körper.

» 90 Prozent aller weiblichen Teenager wollen abnehmen.

» 50 Prozent aller Mädchen unter 15 Jahren betrachten sich als zu dick, obwohl sie normal- oder untergewichtig sind.

Grätsche ging, veränderte das meine Sicht und die Beziehung zu meinem Körper grundsätzlich. Eine Lungenentzündung folgte auf die nächste. Mein Darm war so geschwächt, dass mein Immunsystem versagte und ich die Energie aus meiner Nahrung kaum noch aufnehmen konnte. Ich verlor rapide an Gewicht und konnte nichts dagegen tun. Ich war so schwach, dass ich zeitweise weder aufstehen noch mich um meine kleine Tochter kümmern konnte. An einem der besseren Tage war ich endlich einmal wieder in der Lage, vor die Tür zu gehen und mich ein wenig treiben zu lassen. In einem Kleidergeschäft probierte ich eine Handvoll Klamotten an. Während ich früher Kleidergröße M getragen hatte, war mir nun selbst XS viel zu groß. Ich blickte in den Spiegel und erschrak. Die spitzen Beckenknochen, die Rippen, die sich seitlich und an meinem ehemaligen Dekolleté abzeichneten. Zum ersten Mal in meinem Leben hatte ich Angst um mein Leben. Angst, eines Tages nicht mehr da zu sein, um meine Tochter aufwachsen zu sehen. Der Kommentar der Verkäuferin, als ich aus der Umkleide heraustrat: »Sie haben ja eine tolle Figur – beneidenswert!« Nie zuvor war mir derart bewusst, wie verzerrt und abartig unsere heutigen Körperideale eigentlich sind, mit denen wir medial nonstop zugemüllt werden. Rein interessehalber recherchierte ich zu Hause meinen BMI (Body-Mass-Index), um zu sehen, ob ich mich unbeabsichtigt auf das Gewicht eines Magermodels heruntergehungert hatte. Das Ergebnis lautete: »18,9 – Untergewicht. Ihr BMI ist sehr niedrig. Sie wiegen zu wenig. Versuchen Sie zuzunehmen, um langfristig gesund zu bleiben.« Der BMI eines durchschnittlichen Models im Bereich Haute Couture beträgt hingegen lediglich 17,5 (!) – ein Wert, der bereits als ein Kriterium für Magersucht gilt. Ich sah zwar aus, als würde ich gerade verhungern, aber zum Modeln war ich offenbar noch immer zu dick. Kein Wunder, dass sich heutzutage jeder von uns als »viel zu fett« wahrnimmt, wenn wir uns im Spiegel erblicken.

BEAUTIFUL BODY – BEAUTIFUL LIFE?

Schönheit und ein gestählter Körper zaubern nicht automatisch ein erfülltes Leben. Während die Medien immer wieder über die Vor-

← *Kurz vorm Verhungern und wunderschön? Höchste Zeit, unsere Körperideale kritisch zu hinterfragen*

↑ *Hören wir endlich auf damit, uns auf unser Aussehen und vermeintliche Makel zu reduzieren*

teile schöner Menschen berichten und uns glauben lassen, Schönheit mache glücklich, gibt es andere Studien, die zeigen, dass Schönheit durchaus auch unglücklich machen kann. Laut Jens Asendorpf und seinem Buch *Psychologie der Persönlichkeit* erleichtert ein attraktives Äußeres den Alltag zunächst, da andere Menschen tendenziell positiver und offener reagieren. Im Alter jedoch kehre sich dieser Vorteil, vor allem bei Frauen, ins Gegenteil um.

Der Grund: Mit steigenden Lebensjahren sinken die Vorteile und der Effekt eines attraktiven Äußeren. Gerade Menschen, die daran gewöhnt sind, durch ihr Äußeres positiv aufzufallen, leiden besonders, wenn entsprechende Reaktionen plötzlich ausbleiben. Es ist einfach keine besonders clevere Idee, sich dem Ideal der Jugend zu verschreiben, wenn uns im Leben nichts so sicher ist wie das Altern und der Tod.

→ *Befreie dich aus fiesen Gedankenschleifen, die dich daran hindern, dein Leben voll auszukosten*
↓ *Nicht dein Körper ist das Problem, sondern Glaubenssätze, die deinen Selbstwert untergraben*

Die meisten Menschen legen beide Verhaltensweisen an den Tag. Doch leider hilft uns keine der beiden Taktiken langfristig, ein zufriedeneres Leben zu führen. Sie beruhen auf dem ungesunden Glaubenssatz, unser Glück hänge vor allem von unserem Aussehen ab. Damit verstärken beide Taktiken unsere Selbstzweifel zusätzlich.

Mit jeder Stunde Schönheitssport bleuen wir uns ein: »Ich muss das jetzt machen, weil ich nicht gut genug aussehe!« – pures Gift für unseren Selbstwert. Dies führt dazu, dass wir für alles, was wir erleben, egal, ob gut oder schlecht, vor allem unser Aussehen verantwortlich machen. Statt unser Äußeres lediglich als kleinen Teil unseres Seins zu betrachten, gerät unser Körper so immer mehr in den Fokus, wodurch uns vermeintliche Unzulänglichkeiten noch existenzieller erscheinen.

PROBLEMZONE KOPF

Haben wir das Gefühl, unser Körper sei ungenügend, gibt es zwei grundsätzliche Verhaltensweisen, mit denen wir reagieren:

Vogel-Strauß-Taktik
Wir versuchen, weitere Konfrontationen zu vermeiden, zum Beispiel durch bewusstes Kaschieren, Make-up oder die Vermeidung von Orten und Situationen, wo wir den Blicken anderer ausgesetzt sind.

Jäger-Taktik
Wir versuchen, uns anzupassen und einem Idealbild aktiv hinterherzujagen. Bereitwillig unterwerfen wir uns strengen Ernährungs-, Sport- und Beauty-Routinen und investieren viel Geld, Energie und Zeit in eine vermeintliche Selbstoptimierung.

DIE FIESE STIMME IN DEINEM KOPF

Ein weiterer Mechanismus, der dazu führt, dass wir uns immer wieder in Gedankenschleifen verheddern: Unsere negativen Reaktionen (Körperwahrnehmungen, Gedanken, Gefühle, Handlungen) verstärken einander. Gelingt es uns jedoch, in eine dieser negativen Gedankenschleifen hineinzugrätschen und unsere*n innere*n Kritiker*in in seine*ihre Schranken zu verweisen, so können wir unsere destruktiven Muster aus Selbstvorwürfen und Beauty-Maßnahmen durchbrechen. Die Autorin Melissa Ambrosini erklärt in ihrem Buch *Mastering your mean girl*, wie sie lernte, ihrer

inneren Kritikerin immer wieder Kontra zu geben, und so die Oberhand über ihr Leben zurückgewann. Wenn du also damit beginnst, genauer auf die kritische Stimme in deinem Kopf zu achten, wirst du feststellen: Unser*e innere*r Kritiker*in ist eine echte Drama Queen.

Laut Anuschka Rees, Autorin des Buches *Beyond Beautiful*, liegt der Schlüssel zu einem gesünderen Körperbild und einem glücklicheren Leben in folgender Einsicht: Nicht dein Körper oder deine Persönlichkeit sind der Grund dafür, dass du dich immer wieder schlecht fühlst. Der Verursacher deiner Misere ist die missgünstige, fiese Stimme in deinem Kopf. Die Kultur, in die du hineingeboren wurdest und die du über die Jahre ganz automatisch verinnerlicht hast, hat diese innere Stimme zum Leben erweckt. Du kannst also nichts für deine schlechten Gefühle, aber du kannst sehr wohl etwas gegen sie unternehmen!

Wenn wir den Teufelskreis durchbrechen wollen, müssen wir uns eingestehen, dass der Maßstab, mit dem wir uns bewerter., nicht aus uns selbst kommt. Denn nur dann können wir uns auch davon distanzieren.
Anuschka Rees in Beyond Beauty

HACKS FÜR MEHR SELBSTAKZEPTANZ

Nutze die kommenden Tage und Wochen, um dich mit positiven Denkanstößen zu versorgen, und verpasse deinem Selbstwert einen Kickstart!

DIE VOLLE LADUNG SELBSTLIEBE

» **TED-Talk:** *Wie definiert ihr euch?* von Lizzie Velásquez.

» **Podcasts:** *Wie du die Beziehung zu deinem Körper heilen kannst* (Folge #097) und *Nie wieder Diäten. Wie du dich mit deinem Körper wohlfühlst* (Folge #160) von Laura Malina Seiler (*Happy, holy & confident*-Podcast).

» **Filme:** *Embrace* von Taryn Brumfitt; *The Illusionists – Insecurity Sells* von Elena Rossini.

» **Bücher:** *Beyond Beauty* von Anuschka Rees.

» **Menschen, denen es sich zu folgen lohnt:** z.B. Melodie Michelberger, Kristina Bruce, Taryn Brumfitt, Anuschka Rees, Kira Siefert.

» ***The Work***: Fragemethode von Byron Katie, um negative Glaubenssätze zu durchbrechen.

STOPPE DEIN GEDANKENKARUSSELL

Du fühlst dich in irgendeiner Situation plötzlich traurig, verletzt, panisch oder einfach nur miserabel? Dann stehen die Chancen gut, dass du soeben deinem*deiner inneren Kritiker*in zum Opfer gefallen bist. Höchste Zeit, die Notbremse zu ziehen und deine Gedanken kritisch zu hinterfragen.

»Work« it out
Wenn du das Gefühl hast, deine Glaubenssätze nur schwer fassen oder verändern zu

← *Du musst dich nicht länger optimieren, um endlich genug zu sein. Löse dich aus negativen Gedanken und Gefühlen, indem du in deinen Körper heimkehrst und deinen Sinneswahrnehmungen nachspürst*

können, so empfehle ich dir, dich eingehender mit der Fragemethode *The Work* von Byron Katie zu befassen. Das Internet ist voll von Katie Byrons Vorträgen, kostenlosen Anleitungen und Einführungen in die Methode. Mit *The Work* lernst du, selbst tiefgehende und schmerzhafte Glaubenssätze systematisch aufzulösen und dich so allmählich so anzunehmen, wie du bist.

DER SCHLÜSSEL ZUR FREIHEIT

Diese Techniken zur Selbstreflexion funktionieren übrigens nicht nur in Bezug auf dein Körperbild. Wenn du einmal damit begonnen hast, negativen Gedankenmustern nachzuspüren und sie zu transformieren, wirst du gar nicht mehr damit aufhören wollen. Plötzlich verlieren viele Situationen und Ängste ihren Schrecken, da sie nun vor allem dein Interesse wecken, tiefer hinzusehen. Mit jedem einzelnen Mal, mit dem es dir gelingt, eine falsche Perspektive oder einen fiesen Glaubenssatz auszuhebeln, befreist du dich Stück für Stück aus der Enge deines Kopfes und beginnst, wahrhaftiger und freier zu leben.

Schön sein bedeutet, du selbst zu sein. Man muss nicht von anderen akzeptiert werden. Man muss sich selbst akzeptieren.
Thich Nhat Hanh

ANLEITUNG

1 Atme
Unterbrich das Gedankenkarussell. Atme dreimal langsam und tief in deinen Bauch ein und aus. Beobachte, wie dein Atem sanft deinen Körper durchströmt.

2 Gedanken-Check
Begib dich auf die Suche nach der Ursache deiner schmerzhaften Gefühle: nach Gedanken, die diese Reaktion in dir ausgelöst haben.

3 Ist das wirklich wahr?
Überprüfe den Gedanken, der dir das Leben schwer macht, und öffne dich anderen Perspektiven.

4 Correct your view
Wechsle deine Perspektive. Zoome aus deinem vermeintlichen Makel heraus, bis du das große Ganze wieder erkennst. Schreibe deinen Glaubenssatz um (z. B. »Ich erlaube mir, ich selbst zu sein mit allem, was mich auszeichnet.«).

↑ Du bist pures Leben – pulsierend, kraftvoll und verbunden mit allen Formen des Lebens

YOUR BODY IS A WONDERLAND

Wechsle die Perspektive auf deinen Körper und führe dir einmal vor Augen, dass er so viel mehr ist als nur deine äußere Hülle. Lifecoach Laura Malina Seiler nimmt uns in Folge #097 (*Wie du die Beziehung zu deinem Körper heilen kannst*) ihres Podcasts *Happy, holy & confident* mit auf eine abenteuerliche Reise hinein in diesen »Wunderapparat«. Dein Körper bietet deiner Seele ein sicheres Zuhause und trägt sie hinaus in die Welt. Er ermöglicht es dir, anderen Menschen zu begegnen und dich mit ihnen zu verbinden. Ein Wunderwerk, das permanent für dich auf Hochtouren läuft, ohne dass du es überhaupt bemerkst oder würdigst. Wusstest du, dass dein Herz 100 000-mal am Tag für dich schlägt, um dein Blut in das endlose System deiner Arterien und Venen zu pumpen? Dass deine weitverzweigten Adern aneinandergereiht eine unfassbare Länge von 96 000 Kilometern ergeben – eine Strecke, die 2,5-mal um den Erdball reichen würde? Dass die elektrischen Impulse deiner Gedanken in Lichtgeschwindigkeit durch dein Gehirn flitzen und jede noch so kleine, alltägliche Bewegung Millionen biologischer Prozesse in dir auslöst? Dein Körper ist Tag und Nacht für dich im Einsatz, seit Jahrzehnten – ohne eine einzige Sekunde innezuhalten. Er sorgt dafür, dass du lebst, atmest, verdaust, schläfst, denkst, und er ist das wunderbarste Instrument, das dir in deinem ganzen Leben zur Verfügung stehen wird.

Warum wir unseren Körper haben? Um unser Leben zu erschaffen und zu erfahren. Um Liebe zu senden und zu empfangen. Der Liebe ist es scheißegal, ob du 60 oder 70 kg wiegst.
Laura Seiler

ⓘ Wähle mindestens einen der folgenden drei IMPULSE aus und setze ihn innerhalb der nächsten sieben Tage um. Viel Spaß dabei!

HACK YOUR BEAUTY HABITS

Befreie dich von negativen Triggern. Lass dich inspirieren, wie man fernab des gängigen Schönheitsideals ein glückliches und gesundes Leben in Liebe und Selbstachtung führt.

Sehr viele Menschen denken, sie könnten erst dann mit ihren Selbstoptimierungspraktiken aufhören, wenn sie endlich besser aussehen und infolgedessen positivere Gefühle für ihren Körper verspüren. Dabei ist es oft viel einfacher, Selbstoptimierungspraktiken zu unterbinden oder sie durch sinnvollere Tätigkeiten zu ersetzen.

TIPPS

1 Weg mit der Waage
Hör auf, dein Gewicht permanent zu überwachen und dich aufgrund einer Zahl zu bewerten.

2 Body Image Overload
Hör auf, dir Bilder reinzuziehen, die dir ein schlechtes Gefühl vermitteln. Werbung, Zeitschriften und besonders die sozialen Medien und Plattformen wie Instagram sind voller inszenierter Perfektion. Sie triggern Komplexe und Unsicherheiten und schaden deinem Selbstwertgefühl. Sei achtsam, welche Bilder und Inhalte du konsumierst.

3 Body love is the new black
Beschäftige dich mit Menschen, die sich aktiv für Selbstakzeptanz und Body Love engagieren. Folge zum Beispiel der wunderbaren Melodie Michelberger und konfrontiere dich regelmäßig mit Bildern »normaler« Körper.

↑ *Geiles Leben fernab gängiger Schönheitsideale?*

IMPULS – Geliebter Leib

Schnappe dir dein Notizbuch und bedanke dich bei deinem Körper für seine treuen Dienste. Richte deine Worte zuerst an dein Herz und danach an alle wichtigen Körperteile vom Kopf bis hinunter zu deinen Füßen. Notiere jeweils, was dir dieser Teil deines Körpers ermöglicht, wofür du ihn liebst und ihm dankst. All die sinnlichen Erfahrungen, die dir versagt blieben, würde er plötzlich seinen Dienst verweigern. Zum Abschluss frage deinen Körper, wie er sich fühlt und was er sich von dir wünscht.

IMPULS – Das bin ich!

Entziehe deinem Aussehen die Übermacht über dein Leben und zelebriere all die positiven Eigenschaften, die dich ausmachen. Nimm dir dazu die letzte Seite deines Notizbuches zur Hand und versammle dort all das, was dich als Mensch auszeichnet, an einem Ort:

» Wie bist du und wie würde dich dein*e beste*r Freund*in beschreiben?
» Was kannst du besonders gut?
» Was schätzen andere an dir?
» Auf welche Leistungen und Erfolge in deinem Leben bist du stolz?
» Welche Herausforderungen hast du gemeistert?
» Welche drei Dinge an deinem Aussehen magst du am liebsten?

IMPULS – Die Drama Queen im Fokus

Lege dich in den nächsten sieben Tagen auf die Lauer, um die fiesen Machenschaften deines*deiner inneren Kritiker*in aufzudecken, und notiere deine Beobachtungen.

1 Observe – In welchen Situationen erscheint er*sie auf der Bildfläche?

2 Listen – Welche Sätze sagt oder schreit er*sie dir ins Ohr?

3 Identify – Welche negativen Glaubenssätze konntest du aufspüren? Kreise die beiden ein, aus denen du am liebsten ausbrechen möchtest.

4 Feel – Was machen diese Worte mit dir? Welche Gefühle, Gedanken und Handlungen lösen sie bei dir aus?

5 Visualize – Wie sieht dein*e innere*r Kritiker*in aus und welchen Namen gibst du ihm*ihr?

WARUM WIR UNSEREN KÖRPER HABEN? UM UNSER LEBEN ZU ERSCHAFFEN UND ZU ERFAHREN. UM LIEBE ZU SENDEN UND ZU EMPFANGEN. DER LIEBE IST ES SCHEISSEGAL, OB DU 60 ODER 70 KG WIEGST.

LAURA SEILER

Break Free

LASS LOS, WAS DICH BESCHWERT

NOTIZEN

↑ *Wie du dich von unnötigem Kleiderballast erleichterst und deine Garderobe auf ein neues Level hebst*

WOCHE 4

Die Kunst des Loslassens

In dieser Woche wenden wir uns wieder deinem Kleiderschrank zu. In Woche 2 habe ich dir am Beispiel von Courtney Carver und ihrem *Project 333* gezeigt, welche Belastung Kleiderberge darstellen können und wie befreiend es sein kann, unnötigen Kram loszulassen. Auch eine Studie der University of California und des Familienzentrums *CELF* hat bestätigt: Je größer die Anzahl an Dingen, die wir besitzen, desto gestresster fühlen wir uns in unseren eigenen vier Wänden.

Menschen, die ihr Zuhause als zu vollgestopft wahrnehmen, fühlen sich im Vergleich zu anderen unzufriedener, niedergeschlagener, uneffektiver und am Ende eines Tages müder und ausgebrannter. Aussortieren ist also die ultimative Form der Selbstfürsorge. Wenn du tatsächlich einen achtsameren Umgang mit deinen Kleiderschätzen kultivieren willst, hilft es immens, sie rigoros zu reduzieren. Denn es erfordert Zeit und Muße, geliebte Stücke zu pflegen und sie bei Bedarf zu reparieren. Überlege dir also genau, welche Teile deine Aufmerksamkeit und den Raum in deinem Leben wirklich verdienen.

DIE EIGENEN ANSPRÜCHE VOR AUGEN

In Woche 2 hast du dich außerdem mit Lieblingsteilen, Fehlkäufen und deinen individuellen Modekriterien beschäftigt. Diese gilt es sich nun wieder ins Gedächtnis zu rufen, denn genau hier knüpfst du in dieser Woche an, um dich langfristig von ungeliebtem Kleiderkram zu befreien (siehe Aufgabe).

Wie kannst du deine Garderobe so umgestalten, dass sich in Zukunft nur noch Lieblingsstücke darin befinden? Ein Kleiderschrank, eingedampft auf das Wesentliche,

AUFGABE

Nimm dir deine Notizen zum »IMPULS – Deinen Modekriterien auf der Spur« aus Woche 2 noch einmal zur Hand und rufe dir ins Gedächtnis, welche Erkenntnisse du aus der Analyse deiner Lieblingsstücke und Fehlkäufe gezogen hast.

↑ *Eine ausgesuchte Garderobe verströmt Klarheit und Frische*

verströmt Klarheit und Ruhe und macht Lust, die eigenen modischen Möglichkeiten voll auszuschöpfen und Neues auszuprobieren.

LESS BUT BETTER

Warum belastet uns Aussortieren eigentlich? Vielleicht bist du jemand, dem es eher schwerfällt, sich von Dingen zu trennen. Dann fragst du dich womöglich gerade, was schwerer wiegt: die Überforderung, ausgelöst durch Stuffocation, oder die seelischen Strapazen des Aussortierens? Aussortieren kann tatsächlich ein Akt der Anstrengung sein, aber das richtige System beim Aussortieren spart Zeit, Nerven und das Ergebnis spricht für sich.

MINIMALISTISCHE GARDEROBE

Ein überschaubarer Kleiderschrank

» hilft gegen den Stress, den der Anblick eines vollgestopften Schranks täglich auslöst.

» erleichtert die Entscheidung beim Anziehen und spart so jeden Tag Zeit und Nerven.

» hilft dir, das Gesamtniveau deiner Garderobe zu steigern, indem du nur noch Stücken Zutritt zu deinem Kleiderschrank gewährst, die deinen Ansprüchen wirklich genügen.

» senkt das Risiko, dein Geld für Fehlkäufe und Schnäppchenfallen zu vergeuden. Da du einen besseren Überblick hast, was du besitzt und eventuell noch benötigst, kannst du bei der Suche nach neuen Stücken gezielter vorgehen.

↑ VORHER: ein kunterbunter Wust aus Kleidungsstücken

↑ NACHHER: endlich Ruhe für die Augen und den Kopf

CHOICE OVERLOAD

Viele Menschen, die sich selbst als modisch definieren, verspüren anfänglich oft Hemmungen, ihre Kleiderschätze zu reduzieren. Sie befürchten, sich in ihrem modischen Ausdruck beschränken zu müssen. Dabei ist meist genau das Gegenteil der Fall: Je größer die Auswahl, desto schwerer fällt es uns, eine Entscheidung zu treffen. Der englische Begriff »Choice Overload« (Überlastung durch zu viel Auswahl) umschreibt dieses Phänomen. Zu viele Optionen blockieren und frustrieren. Und selbst nachdem wir endlich eine Entscheidung getroffen haben, hadern wir, ob es nicht doch eine bessere Option gegeben hätte. Wissenschaftliche Studien zeigten, dass es uns durchschnittlich 2,5-mal mehr schmerzt, ein unnötiges Ding wieder loszulassen, als es uns beim Kauf Glücksgefühle beschert hat.

Das Fazit

Weniger ist wirklich mehr und sinnloser Konsum macht auf lange Sicht unglücklich. Die cleverste Strategie für minimalen Stress ist es, deine eigenen Ansprüche an Kleidung hochzuschrauben, seltener und gezielter zu shoppen und nur noch Stücken den Eintritt in den heiligen Kleiderschrank zu gestatten, die dir im Alltag von Nutzen sein werden und dich auch längerfristig beglücken.

Selbst wenn die Anzahl Ihrer Kleidungsstücke in geradezu beängstigender Weise zusammenschmilzt, wird immer noch genug übrigbleiben. Und das sind genau die Teile, die Sie glücklich machen.
Marie Kondo in Magic Cleaning

Selbst bei der Minimalismus-Challenge *Project 333*, bei der man seine Garderobe für drei Monate auf lediglich 33 Stücke beschränkt, scheint sich die kleine Auswahl an Kleidung sogar positiv auf den Modegrad der Teilnehmer auszuwirken:

Während unserer Tour war es immer ganz einfach, die Menschen in der Menge auszumachen, die gerade mit dem »Project 333« experimentierten: Es waren immer diejenigen, die am besten angezogen waren und durch ihren Stil aus der Menge herausstachen.
The Minimalists

AUSSORTIEREN ALS PROZESS

Seitdem ich vor einigen Jahren selbst begonnen habe, ausgiebig mit dem Minimalismus zu experimentieren, fällt es mir viel leichter, mich zu entscheiden, was ich anziehen möchte. Darüber hinaus kann ich Stücke heute besser loslassen und sie guten Gewissens weitergeben. Ganz besonders zeigt sich der Unterschied zu früher, wenn ein besonderes Event ansteht. Während ich in der Vergangenheit regelmäßig das Gefühl hatte, nicht das Richtige im Schrank zu haben, Tage vorher bereits darüber nachdachte, was ich bei der Veranstaltung XY bloß anziehen sollte, und oftmals extra neue Kleidungsstücke kaufte, sichte ich meinen Kleiderschrank heute frühestens einen Tag vorher. Ich greife mir spontan zwei bis drei Outfits heraus, probiere sie an und entscheide mich dann intuitiv für eines, kombiniere es mit passenden Accessoires und bin bereit – was für eine Erleichterung!

VERTRAUE DEINEM BAUCHGEFÜHL

Ganz egal, ob du dich persönlich zum Minimalismus hingezogen fühlst oder komplett anders tickst – fürs Achtsam-Anziehen und Aussortieren liefert dieses Thema viele hilfreiche Tricks und Ansätze. Wie treffen wir beim Aussortieren die richtigen Entscheidungen und warum fällt uns dies oftmals so verdammt schwer? In ihrem Buch *Magic Cleaning* analysiert Bestsellerautorin und Aufräum-Guru Marie Kondo die Ursachen. Demnach leiden wir beim Aussortieren häufig unter widerstreitenden Gefühlen und dem Dilemma zwischen Vernunft und Intuition. Während unser Bauch hinsichtlich eines bestimmten Kleidungsstücks keinerlei Enthusiasmus mehr verspürt, warnt die Stimme der Vernunft in unserem Kopf davor, es auszusortieren: »Irgendwann könnte ich es ja vielleicht noch gebrauchen – wer weiß?« Dumm ist nur, dass unser Verstand bei praktisch jedem Stück Einwände erhebt, das nicht eindeutig reif für die Tonne ist. Unsere vermeintliche Stimme der Vernunft versucht uns weiszumachen, dass Loslassen eine ganz schlechte Idee sei. Das Ergebnis: Wir sind blockiert, gestresst und fühlen uns hin- und hergerissen. Der Schlüssel ist es, deinem Bauchgefühl wirklich zu vertrauen. Denn schließlich ist es unser Ziel, dich von allem Klamottenkram zu befreien, der dich nicht bereichert, dir kein gutes Gefühl gibt, wenn du ihn siehst oder trägst. Marie Kondo rät ihren Klient*innen zur Frage »Does it sparkle joy?« (»Strahlt es Freude aus?«), um herauszufinden, was für ein Bauchgefühl dir ein bestimmtes Kleidungsstück gibt. Dabei genügt es nicht, eine Klamotte am Bügel oder im Regal einfach nur zu betrachten. Stattdessen gilt es, jedes einzelne Teil in die Hände zu nehmen und in dich hineinzuspüren, welche Gefühle das Stück bei dir hervorruft. Manche Teile sagen dir auf Anhieb »JA!«. Andere sagen vielleicht gar nichts oder entlocken dir nur (noch) ein müdes Lächeln. Wenn du unsicher bist, lege ein Stück ruhig noch einmal auf einen Vielleicht-Stapel und nimm es dir später noch einmal vor. Auch Erinnerungsstücke packst du am besten vorerst beiseite und kommst am Ende des Aussortierens darauf zurück. Mit der Zeit wird es dir leichter fallen, dein Bauchgefühl zu erspüren und dich zu entscheiden. Nach und nach wird es dir gelingen, die Spreu vom Weizen zu trennen und die Stücke zu selektieren, die dich wirklich bereichern.

ERSTE SCHRITTE

Schaffe dir für deine kommende Aussortieraktion eine ruhige Atmosphäre, in der du für mindestens drei bis vier Stunden komplett ungestört bist und die dir den Raum gibt, mit deiner Intuition in Dialog zu treten. Dabei können starke Emotionen entstehen und alte Erinnerungen, die in manchen Stücken schlummern, wieder zutage treten. Das ist ganz normal und braucht dich nicht zu verunsichern. Wenn dich deine Emotionen überwältigen, hilft es, wieder bewusst zu deinem Atem zurückzukehren.

Es fällt dir schwer, Stücke loszulassen, obwohl sie keinen praktischen Nutzen mehr für dich haben? Wie wäre es alternativ mit einem Foto als Andenken? Dies soll schmerzhafte Gefühle beim Aussortieren erwiesenermaßen reduzieren. Wenn du manche Dinge nicht loslassen kannst, sei nicht zu streng zu dir. Du musst dich zu nichts zwingen. Finde heraus, welche Stücke dich wirklich beglücken, und befreie dich Stück für Stück von allem anderen. Indem du unnötigen Kleiderballast loslässt, entsteht neuer Raum für deine schönsten Kleiderschätze. Er ist die Voraussetzung dafür, dass deine Lieblingsstücke nicht länger verdeckt werden und erst richtig zur Geltung kommen können, damit du dich jeden Tag an ihnen erfreuen kannst.

KLEIDUNG RICHTIG PRÄSENTIEREN

In Vorbereitung deiner Aussortieraktion gilt es, sich einmal vor Augen zu halten, wie du Kleidung möglichst übersichtlich und ansprechend in deinem Schrank arrangieren kannst. An Kleiderstangen kannst du deine Stücke entweder FARBLICH (beispielsweise von hell über verschiedene Farbtöne hinweg nach dunkel) einsortieren oder nach ART der Kleidung (zum Beispiel alle Kleider nebeneinander). Innerhalb einer Kategorie (zum Beispiel Kleider)

IMPULS – Konmari me!

Um so richtig in Stimmung zu kommen für deine eigene Aufräumaktion, gibt es nichts Besseres, als dich vorab mit Marie Kondo zu beschäftigen. Das macht Spaß und ist ratsam, da wir später zum Aussortieren einige ihrer Methoden nutzen werden. Am besten, du schaust dir einfach die erste Folge ihrer Netflix-Serie *Aufräumen mit Marie Kondo* an. Falls du kein Netflix besitzt, gib auf Youtube einfach den Begriff »KonMari-Methode« und »KonMari-Methode falten« ein und lass dich inspirieren. Je mehr du dich in die Methode einfuchst, desto stärker wird deine Vorfreude wachsen und dir das Aussortieren erleichtern. Wir werden dabei nur einen minimalen Teil der aussortierten Klamotten wegwerfen und im Sinne der Nachhaltigkeit möglichst vielen Stücken ein zweites Leben ermöglichen.

GET INSPIRED

Neben Marie Kondo gibt es weitere interessante Aufräumgrößen und Minimalismus-Experten, die ihrerseits spannende Tricks und Tipps auf Lager haben:

» **Kinofilm:** *Minimalism – Ein Film über die wichtigen Dinge des Lebens* von den international gefeierten Bloggern und Buchautoren Joshua Fields Millburn und Ryan Nicodemus alias »The Minimalists«.

» **Buch:** *Das Kleiderschrank-Projekt* (2017) von Anuschka Rees.

» **Online:** die schwedische Youtuberin und Minimalistin Jenny Mustard.

kannst du dann wiederum nach Farben ordnen oder aber von kurz nach lang (zum Beispiel von kurzen nach langen Kleidern oder umgekehrt). Ich persönlich bevorzuge eine Sortierung nach Farben, weil es für mich optisch die meiste Ruhe vermittelt. Letztlich ist es jedoch Geschmackssache und deine Entscheidung. Schwere Strickwaren solltest du nach Möglichkeit liegend aufbewahren, weil sie am Bügel schnell ausleiern und sich verziehen können. Wenn du Schubladen besitzt, so lege ich dir Marie Kondos geniale Falttechnik ans Herz. Damit kannst du alles in kleine, übersichtliche Päckchen falten, aufrecht nebeneinanderreihen und siehst auf einen Blick, was du im Schrank hast. Auch für Accessoires und Unterwäsche eignet sich die Falttechnik hervorragend. Ich besitze neben einer Kleiderstange jedoch nur ein offenes Regal, wo ich meine Klamotten in ordentlichen Stapeln an Hosen, Röcken, Tops etc. aufbewahre. Innerhalb des Stapels sortiere ich dann wieder von hell (oberste Lage) nach dunkel (Stücke, die ganz unten liegen).

DIE KATEGORIEN

Schreibe dir in Vorbereitung deiner eigenen Aufräumaktion vier Notizzettel, die du später beim Aussortieren gut sichtbar auf dem Fußboden platzierst. Das sind die Kategorien, in die du alles, was du NICHT mehr benötigst, einordnest. Später musst du deine Kleiderhaufen nur noch eintüten und den entsprechenden Notizzettel aufkleben. Die Kategorien sind:

1. Give
Das bezieht sich auf Dinge, die du im Freundes- oder Familienkreis weitergeben möchtest,

zu Tauschpartys mitbringen kannst oder gemeinnützigen Einrichtungen (Sozialkaufhaus, Kleiderkammer etc.) in deiner Stadt spenden möchtest.

2. Trash
Darunter fasst man kaputte, abgetragene Dinge, die du in den Altkleidercontainer geben kannst. So können sie eventuell noch recycelt werden. (Zum Beispiel zu Malervlies, Lappen oder Füllmaterial für die Autoindustrie.)

3. Repair & DIY
Das betrifft kaputte Lieblingsstücke, die du reparieren (lassen) willst, sowie Teile, die du als Ausgangspunkt für kreative DIY-Projekte nutzen möchtest. Unvollendete Nähprojekte können schnell zu einem echten Stressauslöser werden, da sie unsere Aufmerksamkeit fordern und uns ein schlechtes Gewissen vermitteln. Wähle daher achtsam aus und horte nicht wahllos sämtlichen Kleiderkram.

4. Sell
Das funktioniert bei hochwertigen Teilen in bestem Zustand, möglichst von bekannten Marken oder ecofairen Labels. Gebrauchte Kleidung zu verkaufen, kostet jedoch viel Zeit und Aufwand. Bei Markenkleidung in Top-Qualität kann es sich durchaus lohnen. Alle anderen Stücke wandern bei mir daher direkt in die Kategorie »Give«.

↑ *Does it sparkle joy? Eine gute Frage*

TIPPS GEGEN ZU VIEL KLEIDERKRAM

» Sichte deine kompletten Klamotten zum Wechsel jeder Saison kritisch und sortiere bei Bedarf aus.
» Notiere, welche Stücke du tatsächlich für die kommende Saison gebrauchen könntest, und stecke dir den Zettel in den Geldbeutel.
» Versuche, seltener und gezielter einzukaufen, um dich selbst nicht wieder mit unnötigem Kram zu belasten.

AUFGABE

ⓘ Blocke dir für deinen modischen Detox Day jetzt einen mehrstündigen Termin und setze den folgenden IMPULS bis zum Ende dieser Woche um.

IMPULS – Ich lass los

Du benötigst deine Notizzettel mit den Kategorien zum Aussortieren, ein paar Tüten oder Säcke, etwas Klebeband und ein paar Stunden Zeit zum entspannten Sortieren. Schalte dein Handy auf lautlos, leg ruhige Musik auf, koche dir eine Kanne Tee und los geht's!

1 Mein Kleiderberg

Suche alles, was du an Kleidung und Accessoires (inklusive Schmuck) besitzt, zusammen und türme es auf deinem Bett auf. Am effektivsten ist es, wenn du ähnliche Artikel schon einmal zueinander legst (beispielsweise alle Hosen oder alle Röcke auf einen Haufen). Stell sicher, dass du wirklich ALLES (!) zusammensuchst, selbst Unterwäsche, Strumpfhosen, Sportsachen, Badekleidung, deinen Bademantel sowie saisonale Kleidung, die du gerade im Keller oder auf dem Dachboden eingelagert hast. Die einzige Ausnahme: Sachen, die sich gerade in der Wäsche befinden. Nur wenn du möglichst viel Kleiderkram auftürmst, wirst du realisieren, wie viel du tatsächlich besitzt.

2 Does it sparkle joy?

Sortiere nun eine Kleiderkategorie nach der anderen durch (zum Beispiel alle Hosen). Nimm das oberste Kleidungsstück und halte es in beiden Händen und frage dich, welche Gefühle es dir vermittelt. Wenn gute Gefühle überwiegen, darf es auf deinen Ja-Stapel und nach dem Sortieren zurück in deinen Schrank. Gibt es dir ein schlechtes oder kein bestimmtes Gefühl, so kannst du dich mit den Worten »Danke für alles!« bei dem Kleidungsstück bedanken und es auf deinen Give-Stapel legen. Du brauchst kein schlechtes Gewissen haben, Stücke loszulassen, die noch tragbar sind. Vielleicht schenkt dir das Teil ja interessante Erkenntnisse, um in Zukunft achtsamer beim Shoppen vorzugehen. Es hat seine Aufgabe bei dir erfüllt und darf nun wieder zurück in den großen Kreislauf, um vielleicht noch einmal ein ganz neues Leben geschenkt zu bekommen. Bist du dir allerdings komplett unschlüssig, packe das Stück erst einmal auf einen Vielleicht-Stapel und komme später wieder darauf zurück.

3 Yeah, Baby
Wenn du alle Sachen durchsortiert hast, kannst du dir deinen Ja-Haufen schnappen und ihn feierlich in deinen Kleiderschrank zurückwandern lassen. Egal, ob nach Farbe oder nach Art der Kleidung geordnet. Bring Klarheit und Ruhe in deine textilen Schätze! Wenn dich in den nächsten Wochen etwas stört, kannst du gerne noch an deiner Sortierung feilen und bei Bedarf nachjustieren.

4 Maybe, Baby
Sichte nun noch einmal den Vielleicht-Haufen und reduziere ihn so weit wie möglich, indem du die Stücke in die übrigen Kategorien einsortierst. Wenn du dich bei einigen Stücken immer noch nicht entscheiden kannst, packe sie für die nächsten drei Monate erst einmal zur Seite (z.B. auf den Dachboden oder in den Keller) und sichte sie dann noch einmal kritisch.

5 It's a Wrap!
Tüte deine Kleiderhaufen entsprechend den vier Notizzetteln ein (Give, Trash, Repair & DIY, Sell) und klebe den entsprechenden Zettel darauf. Verwahre deine Tüten für später (zum Beispiel auf dem Dachboden, im Keller etc.). Wir werden uns in den nächsten Wochen systematisch um jede einzelne kümmern. Dreh Musik auf und feiere dich und den neuen Raum in deinem Leben, den du dir eben geschaffen hast!

NOTIZEN

↑ *Green Fashion für umme: Tauschpartys – maximaler Modespaß bei minimalem Umwelt-Impact*

WOCHE 5

Tauschen und Teilen

↑ Eine meiner Tauschpartys im Action House Heidelberg

In dieser Woche geht es um das Tauschen und Weitergeben von Kleidung. Ob du es glaubst oder nicht – indem du Kleidungsstücke und Accessoires, die du nicht mehr benötigst, anderen Menschen zur Verfügung stellst, lädst du auch eine Fülle neuer Kleidung in dein Leben ein. Keine andere Strategie des Achtsam-Anziehens hat ein derart großes Potenzial, dir völlig kostenlos neue und nachhaltige Kleiderquellen zu erschließen. Durchs Tauschen kultivierst du unvergessliche, beglückende und euphorische Modemomente in deinem Alltag und bläst regelmäßig frischen Wind in deine Garderobe. Außerdem schont Tauschen den Geldbeutel, wertvolle Ressourcen, bringt eine Menge Spaß und verbindet dich auf wunderbare Weise mit anderen.

Es gibt zwei Arten von Kleidertauschevents:
1. ÖFFENTLICHE TAUSCHPARTYS
2. PRIVATE TAUSCHPARTYS

Beide Varianten besitzen Vor- und Nachteile. Vor allem in größeren Städten finden sich öffentliche Tauschpartys. Wenn du also nicht gerade auf dem platten Land fernab irgendeiner Stadt wohnst, ist es durchaus möglich, dass du in deiner Umgebung öffentliche Tauschevents findest.

ÖFFENTLICHE EVENTS

Wenn du einmal herausgefunden hast, wo und wie Tauschpartys in deiner Nähe veranstaltet werden, musst du dir nur noch den Termin vormerken und schon kann es losgehen. Deine frisch aussortierten Kleidungsstücke, die du letzte Woche zum Tauschen oder Verschenken eingetütet hast, liegen ja schon bereit. Du kannst zum Beispiel ein oder zwei Freund*innen vom kommenden Event erzählen und sie einladen mitzukommen. Lies dir vor einer Tauschparty die jeweiligen Regeln einmal durch, denn diese sind vielfältig und es gibt die unterschiedlichsten Eventformate: Kleidertauschpartys komplett ohne Regeln oder Eintritt sowie andere, bei denen du eine bestimmte Anzahl an Teilen mitbringst, die vorab gesichtet werden und bei denen du für jedes Stück Punkte erhältst, mit denen du ertauschte Stücke später bezahlst. Wenn du die Möglichkeit hast, teste verschiedene Veranstaltungen und finde heraus, was am besten zu dir passt. Die größte Herausforderung bei öffentlichen Tauschpartys ist es, sie erst einmal in den Weiten des Internets zu finden. Aber glaube mir – es lohnt sich absolut!

ⓘ Genau darum geht es in dem folgenden IMPULS. Viel Erfolg bei deinem persönlichen Rechercheprojekt!

IMPULS – Der Tauschszene auf der Spur

Stelle deinen Wecker auf eine Stunde und leg los mit deiner Internetrecherche – los geht's!

Leider gibt es noch immer kein landesweites, lückenloses Verzeichnis für Tauschpartys, das man nach Regionen und Städten filtern kann. Das größte Verzeichnis findest du über die Seite www.kleidertausch.de, die von Greenpeace-Ehrenamtlichen betrieben wird. Dort gibt es einen Link zur entsprechenden Facebook-Gruppe *Kleidertausch.de*, auf der unter dem Punkt »Veranstaltungen« diverse öffentliche Tauschpartys im deutschsprachigen Raum verzeichnet sind. Leider sind diese nur chronologisch gelistet und du musst dich erst mal durchklicken, um eventuell eine Stadt in deiner Nähe zu finden. Falls du nicht fündig wirst, sei nicht enttäuscht. Oftmals gibt es Tauschpartys, die einfach nicht dort auftauchen. Googele am besten einmal deine Stadt sowie das aktuelle Jahr, zum Beispiel »Kleidertausch in Essen 2019«. Daraufhin solltest du ein paar Locations und Initiativen gezeigt bekommen, die du dann weiter recherchieren kannst. Meist informieren diese (zum Beispiel regionale Greenpeace-Ortsgruppen) wiederum durch eigene Facebook-Seiten über Tauschevents. Tritt den entsprechenden Gruppen bei, um von kommenden Events zu erfahren. Falls du noch immer nicht fündig geworden bist, googele einmal deine Region, beispielsweise »Kleidertausch NRW 2019«. Manchmal führt dich die Google-Suche auch zu Artikeln der Lokalpresse, die ebenfalls Hinweise zu regionalen Tauschangeboten geben können. Die Plattform www.globalfashionxchange.org informiert über internationale Clothing Swaps (Kleidertauschpartys).

Falls du nach Ablauf der Stunde nicht fündig geworden bist, höre dich im Freundeskreis um und verbünde dich mit Tauschinteressierten. Dann könnt ihr gemeinsam nach Veranstaltungen in eurer Nähe Ausschau halten und euch über kommende Events auf dem Laufenden halten.

↑ Recherchiere Tauschevents in deiner Nähe oder veranstalte einen Kleidertausch im Freundeskreis

DEIN EIGENES TAUSCHNETZWERK

Falls du bei deiner Recherche keine interessanten Veranstaltungen in deiner Nähe finden konntest, so gibt es weitere Strategien, um regelmäßige Tauschpartys ohne großen Aufwand in dein Leben zu holen. Ein privater Kleidertausch bietet die perfekte Alternative zu öffentlichen Tauschpartys. Viele Leute scheuen sich, selbst die Initiative zu ergreifen, weil sie Angst haben, dass …

» eine Tauschparty mit viel Aufwand verbunden sein könnte.
» sie sich zu wenig damit auskennen.
» fremde Leute in ihr Zuhause spazieren und sich eventuell an den kostenlosen Tauschsachen bereichern könnten.

Diese Zweifel kann ich nachvollziehen, dennoch gibt es meiner Meinung nach kein schöneres Setting für Tauschevents als kleine, feine Partys in privatem Rahmen. Bei öffentlichen Tauschevents liegt die Euphorie der Schnäppchenjagd in der Luft und der Fokus eher darauf, so viel Beute wie möglich an Land zu ziehen. Private Tauschpartys besitzen eine ganz andere Qualität: Man stellt lieben Menschen in seinem Umfeld die eigenen Kleiderschätze zur Verfügung und das Gefühl des Gebens und der Gemeinschaft liegt in der Luft. Außerdem fällt es vielen Menschen in privatem Rahmen wesentlich leichter, Kleidungsstücke loszulassen und weiterzugeben. Du erlebst hautnah, an wen deine alten Teile gehen und welche Freude sie bei demjenigen auslösen. Das ist absolut bereichernd und entfällt bei öffentlichen Tauschpartys meist, da diese weit anonymer ablaufen. Bei privaten Tauschpartys hast du Zeit für persönliche Gespräche und erfährst oft sogar die Geschichten hinter einem Kleidungsstück, die damit an dich als neue*n Besitzer*in weitergegeben werden. Wenn ich im Alltag meine ertauschten Kleiderschätze in die Welt hinaustrage, sehe ich die Vorbesitzerin vor meinem inneren Auge, fühle mich ihr verbunden und bin voller Dankbarkeit. Rund die Hälfte meiner Garderobe besteht mittlerweile aus Stücken, die von Tauschpartys stammen – Kleidungsstücke mit echtem persönlichem Mehrwert.

START SMALL

Um zu Hause ein Tauschtreffen zu veranstalten, brauchst du weder Kleiderstangen, noch musst du einen besonderen Aufwand betreiben. Es reicht völlig, deine Wohnung deiner

ANLEITUNG

Als Hack der Woche habe ich auf den folgenden Seiten eine Step-by-Step-Anleitung vorbereitet, die es dir ermöglicht, …

» mit wenigen Schritten ein privates Kleidertausch-Netzwerk in deinem Freundeskreis anzuzetteln.

» dir völlig neue Kleiderquellen zu erschließen und in deinem Modealltag zu kultivieren.

» nachhaltiger mit Mode umzugehen, indem du die Lebenszeit vorhandener Modeschätze aus deinem Umfeld effektiver nutzt.

HACKS FÜR DEINE TAUSCHPARTY

Mit ein paar Tipps und Tricks kannst du noch heute deine eigene Kleidertausch-Community initiieren. Zu diesem Zweck habe ich hier zehn goldene Tauschregeln für dich zusammengestellt.

SWAP SMARTER

1 Just do it!
Erstelle einen privaten Gruppenchat (z. B. über Whatsapp oder Facebook) und schlage dort den Interessierten ein bis zwei Termine für dein Tauschtreffen vor.

2 Der innere Kreis
Lade deine Freund*innen zur Gruppe ein. Einfacher ist es, wenn du entweder nur Mädels oder nur Jungs einlädst – sonst musst du für entsprechende Umkleidemöglichkeiten sorgen.

3 Die harten Fakten
Kommuniziere Datum, Uhrzeit, Adresse der Tauschparty und deinen Namen am Klingelschild. Beschreibe kurz die Regeln (gern kannst du auch meinen Blogartikel *Swap Smarter* auf www.dominique-vandepol.com als Link in der Gruppe teilen), damit alle die Tauschregeln und Details bei Bedarf nachlesen können.

4 Die Teilnehmer*innen
Je nachdem, wie viele Zusagen du hast, kannst du erlauben, dass weitere Leute mitgebracht werden dürfen. Je mehr Teilnehmer, desto mehr Auswahl. Gut wäre es, wenn du mindestens fünf Leute zusammenbekommst und jeder mindestens einen Tauschpartner in der gleichen Kleidergröße vorfindet.

5 Das Ziel
Möglichst wenig Aufwand betreiben! Der Gastgeber stellt daher nur die Wohnung, während jeder Gast eine Kleinigkeit zu trinken oder zum Knabbern mitbringt.

← *Nachhaltige Modequellen mit persönlichem Mehrwert – ganz ohne Kosten oder Verzicht*

BREAK FREE

6 You get what you give!
Du kannst getrost darauf verzichten, eine feste Mindestanzahl an Klamotten zu bestimmen, denn keiner wird sich unnötig bereichern.

7 Let it go for good!
Alle Klamotten, die mitgebracht werden, stehen allen zur Verfügung. Das mag sich anfangs krass anhören, aber du wirst erleben, wie glücklich Tauschen macht: wenn du neue Lieblingsstücke ergatterst und dein »oller Kleiderkram« die Augen der anderen zum Leuchten bringt.

8 Los geht's!
Leg dein Zeug kompakt nebeneinander aus und begib dich auf die Suche nach neuen Modeschätzen in den Kleiderhaufen der anderen. Probiere an, was dich reizt, leg dir zur Seite, was du behalten willst, oder lass es wieder zurückwandern auf den entsprechenden Haufen. Sind mehrere Gäste auf das gleiche Teil scharf, entscheidet ein Schnick-Schnack-Schnuck-Battle, wer das Teil sein Eigen nennen darf.

9 Ganz wichtig
Alle Kleidungsstücke, die keine neuen Besitzer gefunden haben, werden am Ende wieder mitgenommen.

10 Zu guter Letzt
Am Ende des Tauschevents wird die nächste Party eingeloggt: Der*Die Gastgeber*in entscheidet, ob er*sie wieder Host sein möchte oder das Zepter an jemand anderen weiterreichen will. Der*Die Gastgeber*in der nächsten Party schlägt direkt den nächsten Termin vor oder veröffentlicht ihn innerhalb der nächsten sieben Tage im Gruppenchat.

PLAN B – ONLINE TAUSCHEN AUF FACEBOOK

Du kannst das Tauschen aber auch einfach ins Netz verlegen und eine geschlossene Facebook-Gruppe eröffnen. So kann man beim nächsten Kaffee mit einer Bekannten die auf diese Weise reservierten Klamotten mitbringen – oder über das Tauschen ganz neue Menschen kennenlernen.

Lade hierfür möglichst viele Freund*innen und Bekannte, die in deiner Nähe wohnen, zu deiner Gruppe ein. In der Gruppeninfo beschreibst du die Regeln, zum Beispiel:

» **Ziel:** Es geht darum, gut erhaltene Kleidung und Accessoires zu tauschen und im privaten Umfeld zu verschenken.

» **Orga:** Hast du ein Stück zu vergeben, poste ein paar Fotos davon (gerne auch angezogen) und beschreibe es ganz kurz (inklusive Kleidergröße). Wer interessiert ist, kommentiert einfach unter dem Post und bespricht sich mit dem*der Besitzer*in, wo und wann man sich trifft, um das Stück zu probieren. Ist ein Stück reserviert bzw. versprochen, markierst du deinen Post mit »GONE«. Passt das Stück und ist vergeben, löschst du den Post. Bis dahin kannst du ihn noch im Chat stehen lassen, damit du das Teil bei Bedarf wieder freigeben kannst.

» **Netiquette:** Handelt bitte achtsam und vertrauensvoll. Ein, zwei oder drei Teile zu nehmen, ohne selbst zu posten, ist voll in Ordnung. Aber dir in Folge fünf, sechs oder sieben Teile einzuheimsen, ohne selbst etwas einzustellen, ist nicht Sinn der Sache.

Viel Spaß beim Tauschen!

IMPULS – My very own Swap Squad

Nimm dir 15 Minuten Zeit, um einen Termin für deine erste eigene Tauschparty zu suchen und ein paar Freund*innen dazu einzuladen. Nutze dafür die Schritt-für-Schritt-Anleitung oder mach es auf deine Weise. Es kann eine größere Party werden oder nur ein nettes, gemütliches Tauschtreffen mit deinen liebsten Freund*innen. Du allein entscheidest. Los geht's!

Tausch-Community für ein paar Stunden zur Verfügung zu stellen. Statt Eintritt zu zahlen, bringt jeder Gast eine Kleinigkeit zu knabbern oder zu trinken mit (z. B. ein Fläschchen Sekt). Du kannst, wenn du magst, für Leitungswasser, Kaffee oder Tee sorgen. Und alles, was am Ende an Klamotten übrig ist, wird von deinen Gästen einfach wieder mitgenommen. Mache dir also nicht mehr Stress als nötig. Du wirst sehen – alle werden sich wohlfühlen und begeistert sein, ganz einfach, weil Tauschen mit lieben Menschen auch ohne viele Regeln funktioniert und glücklich macht.

Selbst wenn du bereits eine öffentliche Tauschparty auf dem Schirm hast, so ist es ratsam, beide Formen des Tauschens einmal auszutesten. Danach kannst du entscheiden, was dir und deinen Vorlieben besser entspricht.

↑ *Tauschrausch statt Kaufrausch*

IM TAUSCHRAUSCH

Hast du auf einer Tauschparty Stücke eingetütet, die dir doch nicht zu 100 Prozent stehen oder passen, bringe sie einfach wieder zur nächsten Tauschparty mit oder gib sie an dein Umfeld weiter. So entsteht ein permanenter Kreislauf von Geben und Nehmen und bei jedem Stück haben wir vor Augen, von welchem tollen Event es stammt oder wem es einmal gehört hat. Fangen wir einmal an zu tauschen, fällt es uns leichter, unser Mangelbewusstsein (das Lechzen nach dem nächsten Teil, Must-have- oder It-Piece) loszulassen und uns für die textile Fülle um uns herum zu öffnen und einfach auf uns zukommen zu lassen, welche neuen Stücke uns wohl als Nächstes begegnen. Die Suche nach gebrauchter Kleidung erinnert mich immer wieder an die Kunstrichtung »Objet trouvé« (gefundener Gegenstand), bei der zufällige Fundstücke in einen neuen Zusammenhang gesetzt werden. Mittlerweile besteht mein Kleiderschrank zu rund 50 Prozent aus »preloved pieces«, aus gebrauchter Kleidung von Tauschpartys oder aus Stücken, die von Freunden und Bekannten an mich weitergegeben wurden. Dieser stete, fröhliche Kleiderstrom befriedigt meine Lust auf Abwechslung und Vielfalt im Kleiderschrank und macht es mir leicht, beim Einkaufen bewusster und gezielter vorzugehen. Das Tauschen hat mir geholfen, den negativen Impact meines Kleiderkonsums radikal zu reduzieren. Bitte probiere das Tauschen mindestens einmal für dich aus. Vielleicht begeistert es dich und deine Freund*innen ja genauso wie mich und die Menschen in meinem Umfeld. Viel Spaß dabei!

NOTIZEN

↑ *Wie du überflüssigen Kleiderballast finanziell für dich nutzen kannst*

WOCHE 6

Alte Stücke zu Geld machen

Die Flohmarktwelle reißt nicht ab. Auch die Zahl der Onlinetausch- und Kaufbörsen für den Verkauf alter Modeschätze nimmt ständig weiter zu. Welche Vor- und Nachteile die einzelnen Strategien mit sich bringen, erfährst du diese Woche. Mache deinen überflüssigen Kleiderballast zu Geld und finanziere dir so künftige Modekäufe. In Woche 4 hast du unter Umständen einige Kleidungsstücke aussortiert (Kategorie »Sell«), um sie zu verkaufen. Diesen Stücken widmen wir uns in den kommenden Tagen und wägen ab, wo du welche Modeartikel zu Geld machen kannst.

Seitdem ich vor zehn Jahren damit begann, mich in das Thema einzufuchsen, veränderte sich mein Modekonsum Schritt für Schritt. Statt Fast Fashion zu shoppen, fing ich an, bewusster einzukaufen. Mit der Zeit stiegen meine Qualitätsansprüche an Kleidung sowie meine Bereitschaft, für bessere Stücke von interessanten grünen Modelabels einen entsprechend höheren Preis zu zahlen. Erstmals besaß ich nun auch Teile, die ich zwar nicht mehr benötigte, für die ich aber einmal viel Geld ausgegeben hatte. Tolle Stücke, bei denen ich das Gefühl hatte, der Aufwand, diese zu verkaufen, könnte sich wirklich lohnen. Leider gehöre ich nicht zu den Menschen, die besonderen Spaß daran haben, ihre alten Sachen zu verkaufen. Mir persönlich ist jede einzelne Stunde meiner Freizeit heilig, die ich am liebsten anderweitig verbringe, als am Handy oder am Computer zu hängen, mit möglichen Käufern zu chatten oder mich einen ganzen Tag auf einen Flohmarkt zu stellen, inklusive Vor- und Nachbereitung. Aber der Berg an Dingen, die ich nicht einfach so loslassen und »eines Tages« verkaufen wollte, wuchs und wuchs und ich begann, mit verschiedenen Verkaufsformaten zu experimentieren.

CHECKLISTE

Möglichkeiten, alte Modeschätze zu verkaufen

1 Onlineplattformen
Das Angebot an digitalen Marktplätzen wie *Kleiderkreisel*, *ebay* und Co. steigt von Jahr zu Jahr

2 Flohmarkt
Klassische Flohmärkte sowie neue Trendformate (zum Beispiel: *Mädchenflohmarkt*, *Mädchenklamotte*, *Weiberkram*)

3 Secondhandläden
Klassische Läden vor Ort für gebrauchte Modeschätze und Vintage-Stücke

↑ *Verkaufen auf Flohmärkten ist relativ aufwendig, während der Gewinn von zahlreichen Faktoren abhängt*

FLOHMARKTFRUST

Als Erstes meldete ich mich für einen hippen Mädelsflohmarkt an, überwies 52 Euro Gebühr für einen kleinen Flohmarktstand, investierte unzählige Stunden vorab ins Aussortieren, Waschen und Packen. Mithilfe meiner Familie karrte ich meinen Fundus kistenweise zum Flohmarkt und baute alles liebevoll auf. Der Markt fand im Herbst statt und wurde in einer Stadthalle veranstaltet. Ich dachte, es sei ein Vorteil, ein Dach über dem Kopf zu haben und somit wetterunabhängig zu sein. Leider wurde ich eines Besseren belehrt: Es fanden kaum Besucher ihren Weg zu uns – wahrscheinlich, weil das Wetter so schön war und die Leute lieber die letzten Sonnenstrahlen des Sommers draußen genießen wollten. Obwohl ich mehr als alle meine Tischnachbarn verkaufte, hatte ich am Ende eines ewig langen Tages nur einen lächerlichen Gewinn von 45 Euro erwirtschaftet. Frustriert zog ich von dannen.

Mein Flohmarktfazit

Der Vorteil von Flohmärkten ist, dass man an einem einzigen Termin vieles auf einmal loswerden kann. Das ist gut, wenn du viele günstige No-Name- und Fast-Fashion-Artikel ver-

↑ *Eine bittere Pille: Willst du Kleidung zu Geld machen, musst du im Gegenzug viel Zeit investieren*

kaufen willst, die den Aufwand, sie über eine Onlineplattform zu verkaufen, kaum wert sind. Der Nachteil ist jedoch, dass es viel Arbeit ist, die Klamotten zu selektieren, gegebenenfalls zu waschen und zu bügeln, zusammenzupacken, alles zum Markt und die Reste wieder zurückzukarren.

Außerdem ist entscheidend, welchen Flohmarkt du dir aussuchst. Die Teilnahme an hippen Formaten wie *Mädchenflohmarkt* und Co. ist besonders einfach (oft musst du nicht einmal einen Tisch mitbringen), dafür meist mit hohen Standgebühren verbunden. Lukrativer kann daher ein normaler Flohmarkt sein, für den du allerdings sehr früh aufstehen und erst einmal den richtigen Markt für deine Zielgruppe finden musst. Am besten, du hörst dich im Freundeskreis um und lässt dir von einem Flohmarkt-Insider einen Markt empfehlen. Außerdem hängt der Erfolg vom Wetter ab und davon, ob du tatsächlich die richtigen Käufer triffst. Gerade bei hochwertiger Kleidung und grünen Modelabels ist es meist sinnvoller, sie online zu verkaufen, wo Kunden gezielter nach bestimmten Labels und Kleidergrößen suchen können.

DAS SECONDHAND-DESASTER

Mein zweiter Verkaufsversuch führte mich in einen lokalen Secondhand- und Vintage-Laden. Stolz präsentierte ich zwei große Taschen voller wunderbarer Kleidungsstücke und Accessoires, darunter auch zahlreiche Teile angesagter ecofairer Modelabels. Ich war überrascht zu erfahren, dass der Laden nur an einem Bruchteil (circa 15 Prozent) meiner Stücke interessiert war. Das Lager sei derzeit voll und sie könnten ausschließlich Kleider gebrauchen und eventuell ein paar Accessoires. Der Laden nahm ein paar Stücke auf Kommission – aber nicht etwa die hochwertigen Stücke angesagter Green Fashion Brands, sondern die billigen No-Name-Artikel. Ich war enttäuscht und frustriert, hievte fast den kompletten Kleiderkram wieder auf mein Rad und fuhr nach Hause. Zum ersten Mal in meinem Leben wurde mir bewusst, dass Kleidung und Konsumgüter generell eine miserable Investition darstellen und all der Kram, den wir so kaufen, innerhalb kürzester Zeit extrem an Wert verliert. Das Geld, das wir einmal für unsere Kleidung ausgegeben haben, werden wir nie mehr auch nur annähernd zurückbekommen. Außer vielleicht man macht sich das Verkaufen zum Hobby, was wiederum bedeutet, sehr viel Zeit investieren zu müssen. Ich schwor, in Zukunft noch bewusster einzukaufen, um nicht auf einem wachsenden Haufen trauriger Fehlkäufe sitzen zu bleiben, ohne zu wissen, was ich damit anfangen soll.

VIEL LÄRM UM NICHTS

Leider gehöre ich zu den Menschen, die der Gang zur Post und kleine Erledigungen endlos vor sich herschieben können. Als ich vor einigen Jahren von der Flohmarkt-App *Shpock* erfuhr, war ich begeistert. Ich meldete mich an, fotografierte diverse Kleidungsstücke, erstellte Bildbeschreibungen, legte Preise fest und lud alles hoch. Ich war glücklich, nicht zur Post gehen zu müssen, da mögliche Interessenten zu mir nach Hause kommen würden, um ein Teil anzuprobieren und im besten Falle zu kaufen. So viel zur Theorie. Es meldeten sich einige Leute, mit denen ich dann endlos hin- und herschrieb, um einen Termin zu vereinbaren. Am Ende kam nur ein einziges Mädchen, alle anderen tauchten zum Termin einfach nicht auf und waren danach nicht mehr erreichbar. Auch nach Wochen interessierte sich niemand für meine eingestellten Kleidungsstücke (No-Name-Waren in gutem Zustand), die ich in langer Arbeit fotografiert und beschrieben hatte. Genervt und enttäuscht löschte ich die App wieder von meinem Handy.

KLEIDERKREISEL – DIE ERLEUCHTUNG

Für die Recherche dieses Buches zwang ich mich noch einmal zu einem neuen Versuch, meinen Kleiderkram online loszuwerden. In den letzten Jahren hat sich die Plattform *Kleiderkreisel* mit insgesamt 22 Millionen Mitgliedern weltweit zum größten Onlinemarktplatz für Secondhandmode entwickelt. Nachdem mir eine gute Freundin vorschwärmte, wie unkompliziert das Verkaufen mit der *Kleiderkreisel*-App gehe, gab ich mir einen Ruck. Versuchsweise stellte ich insgesamt fünf Artikel ein. Um mich anzumelden, alle Inhalte (Fotos und Texte) zu erstellen und mich mit der App vertraut zu machen, war ich circa drei Stunden beschäftigt. Das erste Teil war schon nach wenigen Stunden verkauft und auch drei andere Stücke verkauften sich innerhalb einer Woche überraschend schnell. Ehrlicherweise hing ich in dieser Zeit sehr viel am Handy, um schnell auf Rückfragen oder Preisverhandlungen reagieren zu können. Zugegebenermaßen gab es einige technische Unstimmigkeiten, weshalb ich mehrfach den Kundensupport von *Kleiderkreisel* kontaktieren musste, der sich jedoch schnell und freundlich um mich und meine Anfragen kümmerte.

Während dieser heißen Verkaufswoche war ich mehrmals bei der Post, um meine verkauften Artikel zeitnah loszuschicken. Die Verkaufsaktion war definitiv mit einigem Aufwand verbunden, dennoch hatte ich das Gefühl, dass sich die Zeit und die Arbeit zum ersten Mal wirklich gelohnt hatten.

Das Fazit meines *Kleiderkreisel*-Tests
Am Ende meiner Testwoche hatte ich vier von fünf Stücken verkauft und einen Erlös von 65 Euro erwirtschaftet – nicht übel! Besonders interessant finde ich das Tool »Geldbeutel«, bei dem der Erlös meiner Verkäufe automatisch gutgeschrieben wird. Natürlich kann ich mir das Geld auch überweisen lassen, aber ich finde es super, mein Geld so in einer Art digitalen Spardose zu sammeln. Wenn ich einmal ein Kleidungsstück benötige, stöbere ich zuerst bei *Kleiderkreisel*. Manchmal finde ich dort sogar Stücke meiner liebsten ecofairen Modelabels zu überaus günstigen Preisen. Diese Erfahrung motiviert mich seitdem, sporadisch einen Schwung nicht mehr passender Sachen dort zu verkaufen und mit dem Erlös künftige Anschaffungen zu finanzieren.

VERKAUFEN LASSEN

Lediglich für ein teures Designerkleid, das ich nicht unter Preis verscherbeln wollte, hatte ich auf *Kleiderkreisel* keine neue Besitzerin finden können. Daher begab ich mich im Netz auf die

← *Onlineplattformen bieten Vorteile, ständiger Kundenkontakt kostet jedoch Energie und Aufmerksamkeit*

↑ Finde heraus, ob und wie sich der Verkauf modischer Altlasten für dich lohnt

Suche nach anderen Onlineplattformen, die sich besonders für teure Markenkleidung eignen, und wurde schnell fündig. Eigentlich wollte ich für den Verkauf meines Kleides *Mädchenflohmarkt* austesten, aber nach meiner Anmeldung erfuhr ich, dass sich das Lager aktuell im Umbau befindet und es mehrere Wochen dauern wird, bis wieder neue Produkte aufgenommen werden. Das fand ich nicht weiter schlimm, denn ich war heilfroh, gerade die heiße Verkaufsphase bei *Kleiderkreisel* hinter mich gebracht zu haben, und verspürte keinerlei Lust, direkt weitere Teile abzufotografieren, einzustellen und vor allem pausenlos mit Interessenten hin- und hertexten zu müssen. Daher war ich auf der Suche nach einer Plattform, die dies für mich übernehmen würde – gegen eine entsprechende Verkaufsprovision. Nachdem ich eine Handvoll Seiten recherchiert hatte, entschied ich mich für die Plattform *Rebelle*. Der dortige Concierge Service übernimmt alles, außer dem Gang zur nächsten Postfiliale, wo ich mein Paket kostenlos abgeben konnte. Die anderen Plattformen hätten sogar einen Paketdienst zu mir nach Hause geschickt – das erschien mir aus Nachhaltigkeitssicht dann allerdings doch etwas übertrieben.

DIE BESTEN VERKAUFS-HACKS

Bevor du dir den Aufwand machst, Kleidungsstücke zu verkaufen, schaue dir alle Teile noch einmal an und frage dich, ob einige der Stücke vielleicht ganz leicht für dich passend gemacht werden können.

Eine Hose eines ecofairen Modelabels habe ich wieder aus meiner Verkaufsbox herausgeholt und sie bei der Schneiderin meines Vertrauens für ein paar Euro anpassen lassen. Die Hose trage ich sehr gerne und ich bin extrem froh darüber, letztlich doch keinen Fehlkauf getätigt zu haben. All die anderen Klamotten, die sich nicht so einfach ändern lassen, unterteilst du nun in folgende Kategorien:

1 No Name & Fast Fashion
Gib normale Kleidung und Accessoires in gutem Zustand weiter an liebe Freunde, Familie, sonstige Tauschpartner oder spende sie einer gemeinnützigen Einrichtung in deiner Nähe. Natürlich kannst du versuchen, sie auf einem Flohmarkt loszuwerden, aber ob sich dieser Aufwand lohnt – das steht in den Sternen.

2 Markenwaren & nachhaltige Modelabels
Verkaufe sie zum Beispiel über *Kleiderkreisel*, *Rebelle* oder *Mädchenflohmarkt*.

3 Designer- und Luxusmarken
Verkaufe ausgewählte Stücke in Eigenregie oder via Concierge Service über: *Rebelle*, *Mädchenflohmarkt*, *Vestiaire Collective* oder *Buddy & Selly*.

Diese Taktiken und Websites haben sich meiner Erfahrung nach bewährt. Trotzdem kannst du natürlich zu ganz anderen Einsichten gelangen als ich. Die Vorschläge sollen dir lediglich einen Anhaltspunkt bieten, an dem du ansetzen kannst. Damit möchte ich vermeiden, dass du dich durch den endlosen Dschungel an Onlinemarktplätzen wühlen musst, am Ende genervt abbrichst und sich die Kleidungsstücke, die du eigentlich längst aussortiert hattest, immer weiter bei dir anhäufen.

IT'S YOUR CHOICE

Welche der zahlreichen Plattformen am besten zu dir passen, ergibt sich durch die Schnittmenge aus …

← Besondere Stücke verkaufen, spenden oder verschenken

» deinen Bedürfnissen (z. B. welche Aufgaben du bereit bist, selbst zu übernehmen).
» der Wertigkeit deiner Modeartikel.
» dem individuellen Angebot der einzelnen Plattformen (die dir in dem Land, in dem du verkaufen willst, zur Verfügung stehen).

VERKAUFSTIPPS FÜR ONLINEPLATTFORMEN

Möchtest du möglichst viele Aufgaben beim Verkaufen selbst erledigen, um den maximalen Gewinn aus deinen Kleiderschätzen zu generieren, habe ich am Rand noch ein paar allgemeine Verkaufstipps für dich.

Fazit
Es gibt nicht die eine Plattform, die allen Menschen gleichermaßen entspricht. Generell lohnt sich der Verkauf von Kleidung meiner Erfahrung nach finanziell erst ab einem relativ hohen Warenwert pro Stück oder im Fall von No-Name-Artikeln ab einer wirklich großen Stückzahl (zum Beispiel bei einer Haushaltsauflösung). Falls dich eine andere Plattform oder Verkaufsstrategie jedoch mehr reizt (Flohmarkt, Secondhandläden, Instagram-Sale) – go for it!
Finde heraus, ob dich der Verkauf modischer Altlasten unter dem Strich nur kostet (Energie, Zeit, Nerven) oder ob es vielleicht Varianten gibt, die dir liegen und Spaß machen.
Viel Spaß beim Ausprobieren!

Lies beide IMPULSE auf den folgenden Seiten aufmerksam durch, entscheide dich für mindestens einen davon und setze ihn in den nächsten sieben Tagen um. Los geht's!

TIPPS

Tipps zum smarten Online-Verkaufen

» Erstelle mehrere Ansichten pro Modeartikel (am Bügel hängend, angezogen am Körper, Detailansichten).

» Zeige deinen Artikel bei Tageslicht vor einem neutralen Hintergrund ohne Fotofilter.

» Beantworte bereitwillig alle Fragen möglicher Interessenten.

» Verwende möglichst viele Keywords (Schlagworte) in deiner Produktbeschreibung.

IMPULS – Frauchen/Herrchen gesucht

Mach deine überflüssigen Modeschätze zu Geld!

Aufgabe
Setze dir für die kommenden Tage einen Termin, um ein bis drei Stücke auf einer Onlineplattform deiner Wahl einzustellen. Reserviere dir in den kommenden Tagen dafür tagsüber ein Zeitfenster von zwei Stunden (für optimale Lichtverhältnisse beim Fotografieren).

Du benötigst:
» dein geladenes Handy
» eine neutrale Wand oder Tür als Hintergrund
» eventuell einen Nagel und einen Hammer
» einen neutralen Kleiderbügel
» Modeartikel in bestem Zustand (ohne Flecken oder Falten)

Noch einfacher lässt sich dein Shooting gemeinsam mit einem*einer Freund*in umsetzen. Dann könnt ihr euch gegenseitig fotografieren und zeigen, wie die Teile angezogen aussehen. Es kann gut sein, dass du beim Anlegen deines Verkäuferprofils auch mit Gefühlen der Überforderung konfrontiert wirst. Aber ruhig Blut – hast du einmal alles Wichtige eingetragen, ist es nicht mehr schwierig und du kannst dich voll und ganz aufs Verkaufen konzentrieren.
Viel Erfolg!

IMPULS — Lukrativ loslassen

Welche Art, deine unnötigen Modeschätze unter das Volk zu bringen, reizt dich sonst noch? Du kannst dich allein oder mit Freunden auf einem Flohmarkt anmelden, deine Sachen zu einem Secondhandladen bringen, eine Verkaufsparty für Bekannte zu Hause ausrichten oder versuchen, deine Sachen über Social-Media-Posts an die Frau oder den Mann zu bringen.

Aufgabe
1 Nimm dir fünf Minuten Zeit, um abzuwägen, was du gerne unternehmen möchtest, um deinen Verkaufsfundus möglichst einträglich, sinnvoll, kreativ und gesellig zu nutzen.

2 Entwickle in der nächsten halben Stunde eine Strategie für deine Verkaufsaktion und starte in den kommenden sieben Tagen ein erstes Experiment, zum Beispiel:
» Melde dich für einen Flohmarkt an.
» Mache einen Termin mit einem Secondhandladen, um deine Stücke vorbeizubringen.
» Stelle drei Artikel über eines deiner Social-Media-Profile ein und versuche, sie dort zu verkaufen.
Viel Erfolg!

NOTIZEN

↑ Laut Greenpeace werden in Deutschland circa 1,3 Millionen Tonnen Kleidung im Jahr entsorgt

WOCHE 7

Sinnvoll spenden und entsorgen

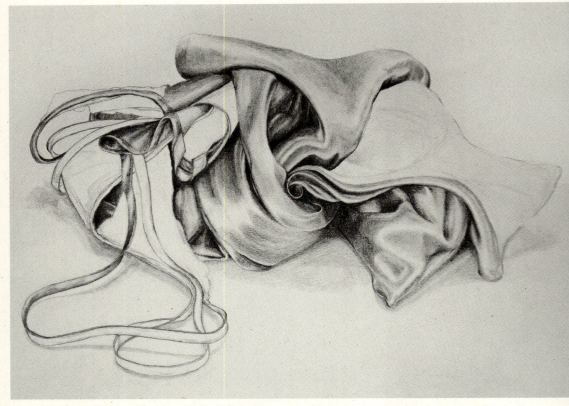

↑ *Nicht einmal 10 Prozent der Kleiderspenden in Sammelcontainern landen letztlich bei Bedürftigen*

In den letzten Wochen hast du bereits kräftig ausgemistet und Kleidungsstücke losgelassen, die dir nicht (mehr) voll und ganz entsprechen. Selbst nach den Kleidertausch-Experimenten und Verkaufsaktionen der vergangenen Wochen sind sicher noch einige Stücke aus deiner Sortieraktion übrig (»Give« oder »Sell«), für die du bisher keine neuen Besitzer finden konntest. In dieser Woche wirst du dafür sorgen, dass ihre Geschichte weitergeht.

ALLES ÜBER ALTKLEIDER

Zum Beginn des Buches hast du bereits erfahren, dass unser Kleiderkonsum mit dem Boom der Fast Fashion um das Jahr 2000 rasant zugenommen hat. Mit der kollektiven Kauflust stieg die Menge an Textilien, die wir jährlich entsorgen, rapide an. Laut Greenpeace werden in Deutschland circa 1,3 Millionen Tonnen Kleidung im Jahr entsorgt – Tendenz steigend.

Durch unseren Konsum und die Kleiderberge, die wir damit verursachen, herrscht hierzulande ein riesiges Überangebot an Kleidung. Aus diesem Grund landen weniger als 10 Prozent (!) der Textilspenden, die in die Sammelcontainer karitativer Hilfsorganisationen geworfen werden, letztlich bei Bedürftigen in Not. Mehr als 90 Prozent der Kleiderspenden werden stattdessen an kommerzielle Textilverwerter weiterverkauft. Seriöse Verwerter (wie zum Beispiel das *Deutsche Rote Kreuz*) finanzieren mit dem Verkaufserlös ihre sozialen Projekte, private Verwerter ihr eigenes Unternehmen. Und der lange Weg unserer Kleiderspenden hat da gerade erst begonnen. Die Textilien werden weitertransportiert zu großen Verwertungsbetrieben, wo die Kleiderspenden per Hand sortiert und in rund 200 verschiedene Qualitätsstufen und Artikel unterteilt werden. Die besten Stücke, die sogenannte »Creme-Ware« (durchschnittlich 2 bis 4 Prozent), werden an Secondhandläden innerhalb Westeuropas weiterverkauft. Damit wird der größte Umsatz generiert. Circa 10 Prozent unserer Kleiderspenden landen im Müll, während rund ein Drittel der Textilien recycelt werden. Ungefähr 40 Prozent der übrigen Waren in niederer Qualität werden in den globalen Süden transportiert, vor allem nach Afrika, wo sie an lokale Händler verkauft werden. Unsere Altkleider werden bedürftigen Menschen dort nicht als Spende übergeben, sondern relativ günstig verkauft. Der niedrige Preis ist einerseits ein Vorteil, da sich arme Menschen so ein Kleidungsstück leisten können. Andererseits haben unsere Alttextilien die dortigen Textilmärkte geflutet und es afrikanischen Textilherstellern unmöglich gemacht, preislich mit den günstigen Altkleiderimporten zu konkurrieren.

Die *NDR*-Dokumentation *Die Altkleiderlüge* (2011) berichtet über diesen Zusammenhang. Sie begleitet Kleiderspenden aus Deutschland entlang der vielen Stationen bis nach Afrika und thematisiert den Niedergang der afrikanischen Textilindustrie als Folge des Preisdrucks durch billige Kleiderspenden. Bis heute wird dieses Thema in Politik, Presse und seitens der Textilverwerter heiß diskutiert. Fakt ist jedoch, dass sich, zum Schutz der lokalen Textilproduktion, immer mehr Nationen weigern, unsere Alttextilien zu importieren: 42 Länder in Afrika, Südamerika und Asien haben die Einfuhr von Altkleidern bereits beschränkt oder komplett untersagt.

Das System für Second-Hand-Kleidung ist am Rande des Kollapses. Die Frage, wohin mit all den Altkleidern, wenn niemand sie mehr haben will, bleibt unbeantwortet.
Greenpeace: Konsumkollaps durch Fast Fashion

THINK GLOBAL — ACT LOCAL!

Der globale Handelsweg unserer Alttextilien ist lang und undurchsichtig. Ob wir wollen oder nicht – unsere gut gemeinten Kleiderspenden können durchaus negative Folgen für andere nach sich ziehen. Unter Umständen für genau die Menschen am anderen Ende der Welt, die wir mit unserer Spende gerne unterstützt hätten.

Wie kannst du alte Kleiderschätze also am sinnvollsten spenden?
Indem du gut erhaltene Stücke einer lokalen Einrichtung oder Initiative in deiner Nähe vermachst (Kleiderkammer, Sozialkaufhaus, Bahnhofsmission, Flüchtlingsheim etc.).

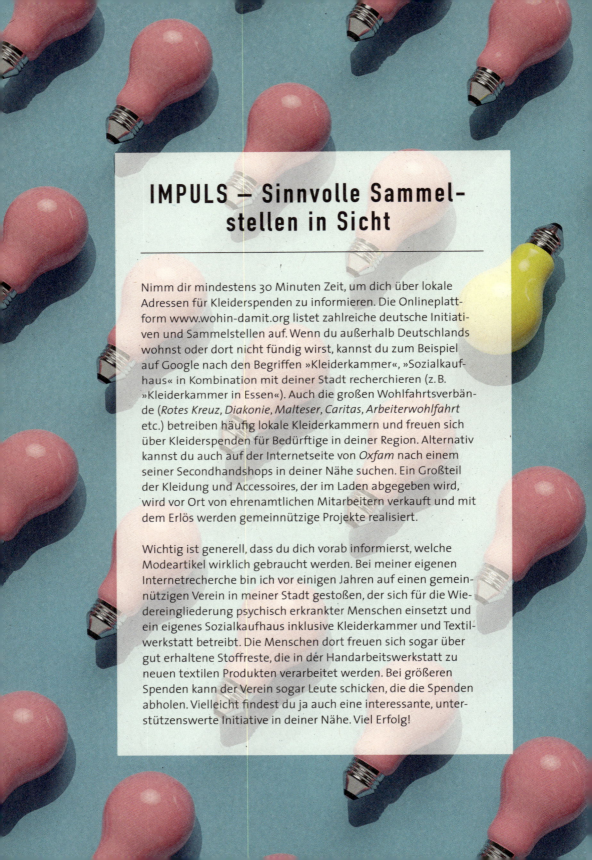

IMPULS – Sinnvolle Sammelstellen in Sicht

Nimm dir mindestens 30 Minuten Zeit, um dich über lokale Adressen für Kleiderspenden zu informieren. Die Onlineplattform www.wohin-damit.org listet zahlreiche deutsche Initiativen und Sammelstellen auf. Wenn du außerhalb Deutschlands wohnst oder dort nicht fündig wirst, kannst du zum Beispiel auf Google nach den Begriffen »Kleiderkammer«, »Sozialkaufhaus« in Kombination mit deiner Stadt recherchieren (z. B. »Kleiderkammer in Essen«). Auch die großen Wohlfahrtsverbände (*Rotes Kreuz*, *Diakonie*, *Malteser*, *Caritas*, *Arbeiterwohlfahrt* etc.) betreiben häufig lokale Kleiderkammern und freuen sich über Kleiderspenden für Bedürftige in deiner Region. Alternativ kannst du auch auf der Internetseite von *Oxfam* nach einem seiner Secondhandshops in deiner Nähe suchen. Ein Großteil der Kleidung und Accessoires, der im Laden abgegeben wird, wird vor Ort von ehrenamtlichen Mitarbeitern verkauft und mit dem Erlös werden gemeinnützige Projekte realisiert.

Wichtig ist generell, dass du dich vorab informierst, welche Modeartikel wirklich gebraucht werden. Bei meiner eigenen Internetrecherche bin ich vor einigen Jahren auf einen gemeinnützigen Verein in meiner Stadt gestoßen, der sich für die Wiedereingliederung psychisch erkrankter Menschen einsetzt und ein eigenes Sozialkaufhaus inklusive Kleiderkammer und Textilwerkstatt betreibt. Die Menschen dort freuen sich sogar über gut erhaltene Stoffreste, die in der Handarbeitswerkstatt zu neuen textilen Produkten verarbeitet werden. Bei größeren Spenden kann der Verein sogar Leute schicken, die die Spenden abholen. Vielleicht findest du ja auch eine interessante, unterstützenswerte Initiative in deiner Nähe. Viel Erfolg!

DER GANZE REST

Und was ist mit den ganzen anderen Klamotten und Alttextilien? Mit den Stücken, die nicht mehr gebraucht werden, nicht mehr einwandfrei sind und sich daher nicht für Kleiderspenden eignen? Einfach in den Restmüll werfen – oder doch lieber in den Altkleidercontainer? Auch diese Frage wird heiß diskutiert. Viele Verwerter und Entsorger raten davon ab, beschädigte Kleidungsstücke oder Stoffstücke in den Container zu geben. Aber wieso eigentlich? Landen unsere Alttextilien im Restmüll, so werden sie entweder verbrannt oder enden auf der Müllhalde. Dort können die erdölbasierten Bestandteile der Kunstfasern in unserer Kleidung und giftige Chemikalienrückstände zu einem echten Umweltproblem werden. Außerdem ist es einfach traurig, wenn Kleidungsstücke, die so aufwendig und ressourcenintensiv hergestellt werden, zu Müll degradiert werden, obwohl womöglich noch ein neues Produktleben auf sie wartet. Nach eingehender Recherche rate ich dir daher:

Entsorge Stoffreste und beschädigte, abgetragene Kleidungsstücke im Altkleidercontainer.

Und zwar entgegen den vorherrschenden Ratschlägen, sie in den Hausmüll zu werfen. Auch Hartmut Hoffmann vom *BUND* (Bund für Umwelt und Naturschutz) rät dazu, kaputte Kleidungsstücke, saubere Lumpen und Stoffreste im Altkleidercontainer zu entsorgen. Während gut erhaltene Kleidungsstücke und Schuhe in verschlossenen Tüten eingeworfen werden sollen, empfiehlt er, beschädigte Alttextilien und Stoffreste lose in den Container zu geben.

Lediglich nasse und stark verschmutzte Alttextilien seien für den Restmüll bestimmt. Doch warum wollen die meisten Textilverwerter nicht, dass wir Bürger dort kaputte Kleidung und Stoffreste ökologisch sinnvoll entsorgen? Weil sie mit dem Verkauf des Inhalts ihren Gewinn machen. Und je hochwertiger der Containerinhalt, desto lukrativer ist der Handel mit unseren Alttextilien. Das Sortieren von Kleiderspenden geschieht hierzulande von Hand und ist daher relativ zeitaufwendig und kostenintensiv. Hinzu kommt, dass Sammelbetriebe für Textilien hierzulande verpflichtet sind, sich um die Verwertung und Entsorgung aller Dinge zu kümmern, die in ihrem Container landen. Der Handel mit Stoffresten und kaputten Stücken lohnt sich daher finanziell einfach nicht für die Verwerter. Die Textilien, die recycelt werden können, landen im Reißwolf und werden zu einfachen Produkten, wie Malervlies oder Dämmmaterial für die Automobilindustrie, downgecycelt. Aber selbst wenn am Ende nur rund ein Drittel der Containerladung recycelt wird (Quelle: fairwertung.de), so gibt es bei der Variante Altkleidercontainer zumindest eine reelle Chance auf ein neues Produktleben.

MYTHOS RECYCLING – AUS ALT MACH NEU?

Echtes Recycling bedeutet, aus alten Stücken gleichwertige neue Produkte (also keine minderwertigen Putzlappen) zu fertigen. Im Falle von Kleidung findet dies leider bis heute so gut wie überhaupt nicht statt. Die Gründe dafür sind so vielschichtig wie die Fasermischungen unserer modernen Kleidungsstücke. Und genau diese Chemiefasermischungen stellen eine riesige Herausforderung dar. Um ein solches Stück zu recyceln, müssten alle Faserarten wieder in ihre einzelnen Bestandteile aufgeschlüsselt werden. Das jedoch ist so heute noch nicht machbar (oder wäre nur mit extremem Aufwand möglich und somit unwirtschaftlich). Aber selbst Kleidungsstücke aus einem einzigen Material sind nur sehr schwer zu recyceln. Die Stoffe müssen erst von Zusätzen wie Reißverschlüssen, Nieten, Knöpfen und festen Nähten befreit werden, indem diese per Hand herausgelöst werden. Ein Reißwolf zerkleinert die bereinigten Stoffstücke in immer kleinere Fetzen. Recycelte Faserpartikel verlieren durch dieses aggressive Verfahren ihre ursprüngliche Länge. Daher lassen sie sich nicht mehr zu einem stabilen Garn verspinnen und müssen in fast allen Fällen mit neuen Fasern gemischt werden. Das alles ist sehr aufwendig und kostspielig. Das Ergebnis ist meist ein instabiles Recyclinggarn, das schnell reißt und so eine komplette Maschinenstraße lahmlegen kann. Daher hat sich das Recyceln von Kleidung zu neuer Mode bis heute nicht richtig durchgesetzt. Es bleibt zu hoffen, dass es irgendwann in der Zukunft gelingt, den viel beschworenen Closed Loop wahr zu machen – die Vision eines geschlossenen Produktkreislaufs, in dem neuwertige Produkte aus alten Produkten gefertigt werden können. Bis dahin ist es aber noch ein langer und steiniger Weg.

CIRCULAR DESIGN

Zu den ganz wenigen Modelabels, die im Bereich Circular Design (Kreislaufwirtschaft) echte Pionierarbeit leisten, gehören das niederländische Unternehmen *Loop.a life*, das neue Kleidung aus 100 Prozent (!) recycelten Wollpullovern fertigt, sowie das Denimlabel *MUD Jeans*. *MUD Jeans* recycelt alte Jeans und fertigt neue Denimwear mit immerhin 40 Prozent Recyclinganteil. Das Label experimentiert zudem mit innovativen, kreislauffähigen Geschäftskonzepten im Bereich Fashion Leasing, also Leihmode.

Im Bereich Green Fashion hat sich recyceltes Polyester in den letzten Jahren zu einem beliebten Material entwickelt. Doch Stoffe aus recyceltem Polyester (PES) werden nicht etwa aus alten Kleidungsstücken hergestellt, sondern aus PET-Flaschen. Im besten Fall handelt es sich dabei um sogenannten »Post-Consumer Waste«, also um gebrauchte PET-Flaschen, denen somit zu einem zweiten Produktleben verholfen wird. Mittlerweile ist die Nachfrage nach PET-Flaschen global jedoch so stark gestiegen, dass schon brandneue PET-Flaschen zu Flakes geschreddert wurden, um mehr »recycelte« Kunstfasern liefern zu können. Es gibt jedoch Unternehmen, deren PET-Quellen gut nachvollziehbar sind, wie das nachhaltige Modelabel *Ecoalf*. *Ecoalf* hat ein internationales Netzwerk von Seeleuten initiiert, das all den Meeresmüll, der als Beifang in ihre Netze gerät, sammelt. *Ecoalf* sortiert dann den Meeresmüll, bereitet ihn auf, recycelt diesen so weit wie möglich und fertigt daraus neue, ecofaire Mode. Auch *Adidas* und *G-Star* haben in den letzten Jahren medienwirksam mit der Organisation *Parley for the Oceans* kollaboriert und eigene Produkte aus recyceltem Ozeanplastik auf den Markt gebracht. Bei all diesen inspirierenden Beispielen handelt es sich zahlenmäßig leider noch immer um winzige Ausnahmen der gängigen Praxis. Kirsten Brodde, die deutsche Gallionsfigur der nachhaltigen Modeszene, schätzt den Anteil an echtem Textilrecycling von Kleidungsstücken an neuer Mode weltweit auf weit unter 1 Prozent. Die

↑ *Bluse aus 100 Prozent recyceltem Polyester des ecofairen Fashion Labels* JAN N JUNE *aus Hamburg*

Industrie will uns jedoch glauben machen, dass tatsächlich neue Kollektionen aus unseren alten Kleiderspenden entstehen. Die Motivation dahinter: den lukrativen Altkleiderhandel vorantreiben, grüner PR den Boden bereiten und Kunden mit Rabattgutscheinen für Altkleiderspenden in die Läden ziehen.

Fakt ist: Wir kaufen und entsorgen immer mehr Produkte immer schneller, was unseren Planeten und damit uns selbst existenziell bedroht. Genau das ist das Problem. Wollen wir dieses Problem lösen, können wir nicht einfach blind weiterkonsumieren. All die Recycling-Märchen sind ganz wunderbar, aber leider (noch) keine Realität. Wir Menschen werden unsere Probleme nur angehen können, indem wir innehalten und uns bewusst entscheiden, aus der schrecklich schönen Konsumspirale auszubrechen.

Kleidung im großen Stil zu recyceln, ist bisher unmöglich. Will die Modebranche etwas für die Umwelt tun, muss sie sich komplett wandeln. Und es obliegt den Käufern und Verbraucherinnen, sie dazu zu zwingen.
Alina Schadwinkel, Zeit-Magazin

DIE BESTEN ALTKLEIDER-HACKS

Auch wenn es etwas mehr Aufwand bedeutet, deine Alttextilien nicht einfach im Hausmüll zu entsorgen – der kleine Mehraufwand lohnt sich. Du engagierst dich damit für die Umwelt und wirst mit einem guten Gefühl belohnt.

Kleidung & Accessoires in gutem Zustand
» Verwahre sie für die nächste Tauschparty.
» Spende sie einer gemeinnützigen Einrichtung in deiner Nähe. Egal, ob klassische Altkleidercontainer, Sammelboxen von Modeketten oder neue Onlineanbieter, denen du gut erhaltene Stücke kostenfrei zusenden kannst – sie alle schreiben sich Nachhaltigkeit auf die Fahnen. Letztlich verkaufen sie deine Kleiderspenden jedoch nur weiter, ohne die Verantwortung dafür zu übernehmen, was danach mit deinen Alttextilien geschieht und welche negativen Folgen sich eventuell am anderen Ende der Welt daraus entwickeln. Je lokaler die Einrichtung für Kleiderspenden ist, desto mehr Transparenz hast du und desto eher weißt du, was mit deinen Kleiderspenden passiert!
» Du wolltest schon immer einmal Geld für ein inspirierendes Hilfsprojekt spenden, aber hattest einfach nie Geld dafür übrig? Dann mache gut erhaltene Stücke zu Geld und unterstütze damit ein soziales Herzensprojekt deiner Wahl! Werde zum Modeaktivisten und veranstalte eine eigene Fashion-Fundraising-Aktion, zum Beispiel einen Charity-Flohmarkt zugunsten einer tollen Hilfsorganisation wie *charity: water* (www.charitywater.org). Gib deinen Fehlkäufen einen höheren Sinn und nutze sie, um damit etwas Positives zu bewirken!

← *Dieses Hütchen habe ich aus einem kaputten Hut ausgeschnitten und mit Perlen und Pailletten bestickt*
→ *Aus einem alten Hemd habe ich einen Kultur- und einen Brotbeutel gezaubert und mit Stofffarbe verschönert*

» Alte, löchrige T-Shirts lassen sich zu Tarn (T-Shirt-Garn) umfunktionieren. Das eignet sich hervorragend zum Weben, für das angesagte Arm Knitting (Stricken mit den Armen) oder um daraus Pompons zu fertigen.
» Wie wäre es, deine eigenen Wachstücher herzustellen, um Lebensmittel plastikfrei zu verpacken oder dein Brot aufzubewahren? Dafür eignen sich gemusterte, gewebte Baumwollstoffe (zum Beispiel aus alten Hemden, Küchentüchern oder Bettwäsche).
» Aus flauschigen Jersey-Textilien (zum Beispiel von Hoodies oder Jogginghosen) lassen sich stylische Putzlappen oder wiederverwendbare Abschmink-Pads fertigen.
» Gewebte Baumwollstoffe eignen sich super, um daraus ein paar praktische Obst- oder Gemüsesäckchen fürs plastikfreie Einkaufen zu nähen.

Die Möglichkeiten sind endlos – erwecke deine kreativen Kräfte!

Beschädigte, abgetragene Klamotten und Textilreste

» Alttextilien entsorgst du am besten im Altkleidercontainer.
» Stark verschmutzte oder nasse Alttextilien kannst du getrost in den Restmüll werfen.
» DIY & Recycling-Fundus: Sichte deine Alttextilien, bevor du sie entsorgst, nach möglichem Material für kreative Recyclingaktionen. Die besten Kreativprojekte entstehen oft auf Basis alter Kleidungsstücke, die du in einen neuen Kontext setzt. Lass dich inspirieren und wähle die Stücke aus, mit denen du in den nächsten Wochen kreativ werden willst.

Recycling/Upcycling-Inspirationen

» Alte Print-T-Shirts und Hemden lassen sich ganz leicht in individuelle Kissenbezüge umnähen.

Vermeide aktiv zukünftigen Textilmüll, indem du ...

» seltener und gezielter einkaufst und ihn so gar nicht erst verursachst.
» in zeitlose Lieblingsstücke in guter Qualität investierst, an denen du lange Freude hast und bei denen es sich lohnt, sie zu reparieren.
» die Lebenszeit deiner Stücke verlängerst, indem du sie so lange wie möglich trägst oder sie anderen zur Verfügung stellst. Alles ist besser, als gut erhaltene Kleidungsstücke einfach in den Müll zu geben!
» Auch ein schnöder Karton als Give-Box vor meiner Haustür hat schon Wunder gewirkt, um aussortierte Kleidung oder schöne Stoffstücke wieder in Umlauf zu bringen. Werde kreativ und stell dir die leuchtenden Augen der Menschen vor, die du mit deinen Gaben beglückst.

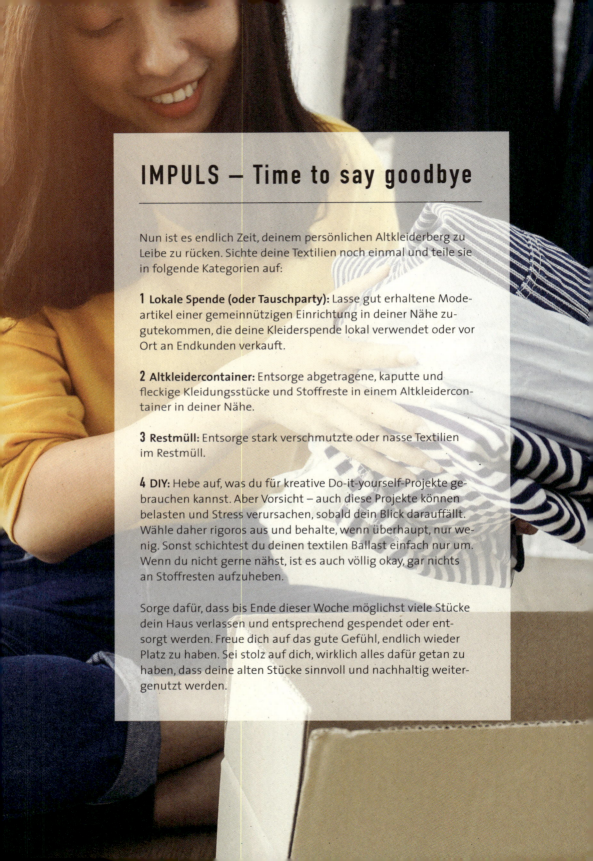

IMPULS — Time to say goodbye

Nun ist es endlich Zeit, deinem persönlichen Altkleiderberg zu Leibe zu rücken. Sichte deine Textilien noch einmal und teile sie in folgende Kategorien auf:

1 Lokale Spende (oder Tauschparty): Lasse gut erhaltene Modeartikel einer gemeinnützigen Einrichtung in deiner Nähe zugutekommen, die deine Kleiderspende lokal verwendet oder vor Ort an Endkunden verkauft.

2 Altkleidercontainer: Entsorge abgetragene, kaputte und fleckige Kleidungsstücke und Stoffreste in einem Altkleidercontainer in deiner Nähe.

3 Restmüll: Entsorge stark verschmutzte oder nasse Textilien im Restmüll.

4 DIY: Hebe auf, was du für kreative Do-it-yourself-Projekte gebrauchen kannst. Aber Vorsicht – auch diese Projekte können belasten und Stress verursachen, sobald dein Blick darauffällt. Wähle daher rigoros aus und behalte, wenn überhaupt, nur wenig. Sonst schichtest du deinen textilen Ballast einfach nur um. Wenn du nicht gerne nähst, ist es auch völlig okay, gar nichts an Stoffresten aufzuheben.

Sorge dafür, dass bis Ende dieser Woche möglichst viele Stücke dein Haus verlassen und entsprechend gespendet oder entsorgt werden. Freue dich auf das gute Gefühl, endlich wieder Platz zu haben. Sei stolz auf dich, wirklich alles dafür getan zu haben, dass deine alten Stücke sinnvoll und nachhaltig weitergenutzt werden.

NOTIZEN

> THERE IS A CRACK,
> A CRACK IN
> EVERYTHING.
> THAT'S HOW THE
> LIGHT GETS IN.
> —LEONARD COHEN

Embrace

VERBINDE DICH
MIT DEINEN
KLEIDERSCHÄTZEN

NOTIZEN

↑ *Die Nutzung von Kleidung inklusive Waschen & Trocknen kostet weit mehr Energie als ihre Herstellung*

WOCHE 8

Kleiderschätze liebevoll pflegen

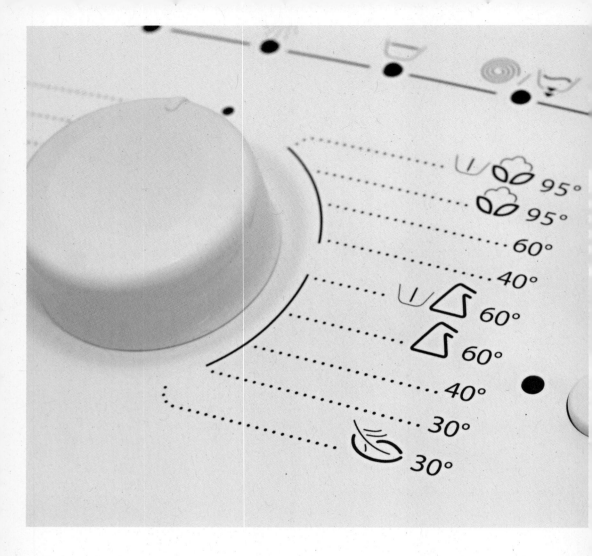

In dieser Woche gehst du intensiv auf Tuchfühlung mit deiner Garderobe. Erfahre, welchen immensen Einfluss Waschen und Trocknen auf die Ökobilanz deiner Kleidung haben und wie eng das Thema Mikroplastik damit verbunden ist.

USE MATTERS

Wusstest du, dass durch das Waschen und Trocknen einer Polyesterbluse insgesamt sechsmal mehr Energie verbraucht wird, als für ihre gesamte Herstellung nötig ist? Jede Lebensphase eines Kleidungsstückes hat ihren spezifischen Impact und Ressourcenverbrauch. Im Falle von Baumwoll- und Polyesterkleidung zum Beispiel, die gemeinsam einen Anteil von über 80 Prozent aller Bekleidungsstücke ausmachen, gilt:

Weit mehr Energie wird in der Nutzungsphase (inklusive Waschen und Trocknen) verbraucht, als zu ihrer Produktion oder zu ihrer

Die Waschtemperatur hat immensen Einfluss auf deine Energiebilanz. Für eine 60-Grad-Wäsche kannst du zweimal bei 40 Grad oder sogar dreimal bei 30 Grad waschen

---

Entsorgung benötigt wird. Du hältst also den Schlüssel zu positiven Veränderungen in deinen Händen und kannst ganz einfach durch dein Waschverhalten direkten Einfluss auf die CO_2-Bilanz deiner Kleidung nehmen. Mit ein paar smarten Tipps und Tricks gelingt es dir so, deinen persönlichen Energieverbrauch drastisch zu senken, Geld zu sparen und damit gleich noch einen großen Beitrag für die Umwelt zu leisten. Alles, was du dafür tun musst, ist, deine eigenen Waschgewohnheiten kritisch zu hinterfragen.

DIE RICHTIGE WASCHTEMPERATUR

Das Umweltbundesamt hat den deutschen Durchschnittshaushalt und sein Waschverhalten folgendermaßen skizziert:
» 40 Prozent Buntwäsche bei 30 °C
» 45 Prozent Buntwäsche bei 60 °C
» 15 Prozent Weißwäsche bei 90 °C

Dem Durchschnittshaushalt stellt das Umweltbundesamt in seiner Rechnung einen Haushalt gegenüber, der durch eine niedrigere Waschtemperatur energiesparend wäscht:
» 75 Prozent Buntwäsche bei 30 °C
» 25 Prozent Weißwäsche bei 60 °C

Wenn dein eigenes Waschverhalten ungefähr dem des Durchschnittshaushaltes oben entspricht, kannst du deinen Energieverbrauch und deinen CO_2-Ausstoß um bis zu 70 Prozent (!) reduzieren. Alles, was du dafür tun musst, ist, bei niedrigeren Temperaturen zu waschen.

Dies empfiehlt übrigens auch das Umweltbundesamt und die Stiftung Warentest.

Für die Energiekosten einer 60-Grad-Wäsche lässt sich fast zweimal bei 40 oder sogar dreimal bei 30 Grad waschen.
Umweltbundesamt Deutschland

Beide bestätigen, dass moderne Waschmittel in der Lage sind, selbst bei geringen Temperaturen von 30 oder 40 °C die gesamte Wäsche hygienisch zu reinigen. Um Keimen in der Wäsche oder der Waschmaschine vorzubeugen, ist es dennoch ratsam, mindestens einmal im Monat eine Wäsche bei 60 °C zu waschen und dabei ein bleichmittelhaltiges Waschmittel zu verwenden. Außerdem solltest du die Waschmittelschublade und Maschinentür nach jedem Waschen öffnen und feuchte Wäsche möglichst schnell trocknen. Lediglich für Menschen mit einem besonders schwachen Immunsystem oder mit ansteckenden Krankheiten seien höhere Temperaturen ratsam. Bei stark verschmutzten Textilien empfiehlt es sich, Flecken vorab mit Gallseife kurz vorzubehandeln. So verschwinden diese auch bei niedrigen Waschtemperaturen problemlos. Betrachten wir den gesamten Waschvorgang, so kostet das Aufheizen des Wassers bei Weitem die meiste Energie. Daher hat kein anderer Faktor beim Waschen einen so großen Einfluss auf die Energiebilanz wie die Wahl der jeweiligen Waschtemperatur. Aus diesem Grund laufen Energiespar-Waschgänge (»Eco«) bei niedriger Temperatur oft über mehrere Stunden. Dadurch erzielen sie ein vergleichbares Waschergebnis wie kurze Waschgänge bei höherer Temperatur, aber verbrauchen deutlich weniger Energie. Vielleicht gehörst du, wie ich auch, zu den Menschen, die leider ein schwaches Immunsystem besitzen, und fragst dich nun, ob und wie du deine Waschtemperatur reduzieren solltest. Die gute Nachricht ist: Auch du kannst deinen Energieverbrauch reduzieren, ohne deiner Gesundheit zu schaden (siehe Tipps). Selbst mit gesundheitlichen Einschränkungen gibt es also durchaus Potenzial, mit ein paar kleinen Änderungen viel Energie und damit Geld zu sparen und die eigene CO_2-Bilanz deutlich zu verbessern.

Inwieweit du deine Waschtemperatur bei gesundheitlichen Einschränkungen reduzierst, ist natürlich eine höchst individuelle Angelegenheit. Bist du dir unsicher, dann lass dich bitte von deinem Arzt oder der Apotheke deines Vertrauens beraten.

WASCHMITTEL UND IHRE DOSIERUNG

Die Auswahl im Bereich der Waschmittel ist groß. Sie reicht von Color- und Vollwaschmitteln über Bleiche und Weichspüler bis hin zu Hygienespülern und vielen anderen Produkten. Welche Produkte benötigst du zur achtsamen Wäschepflege und welche sind vielleicht sogar komplett überflüssig? In Bezug auf die Dosierung ist es jedenfalls ein weitverbreiteter Mythos, dass mehr Waschmittel automatisch mehr Sauberkeit schafft – das Gegenteil ist der Fall! Benutzt du mehr als in der entsprechenden Dosieranleitung empfohlen, belastest du deinen Geldbeutel, deine Gesundheit und die Umwelt durch unnötige Chemikalienrückstände im Abwasser, die wie-

TIPPS

Tipps zum Waschen bei gesundheitlichen Einschränkungen

» Feinwäsche und pflegeleichte Textilien im Handwaschgang (20 °C bis 30 °C) mit Feinwaschmittel (statt ehemals bei 30 °C pflegeleicht)

» Buntwäsche (mit Color-Waschmittel) und helle Wäsche (mit Universalwaschmittel) bei 30 °C statt ehemals bei 40 °C

» Unterwäsche bei 40 °C (mit Color-Waschmittel)

» Meine ehemalige helle Kochwäsche (90 °C) sowie Handtücher wasche ich nun bei 60 °C (mit Universalwaschmittel)

derum die lokalen Gewässer verunreinigen. Gleichzeitig sind Pulverwaschmittel flüssigen Waschmitteln vorzuziehen. Konventionellen Flüssigwaschmitteln wird unnötigerweise Mikroplastik beigemischt, nur damit die Flüssigkeit hübsch glänzt und changiert. Darüber hinaus sind Pulverwaschmittel höher konzentriert und besitzen damit eine stärkere Waschkraft als Flüssigwaschmittel.

Generell gilt: Alle klassischen Waschmittel bedeuten eine hohe Belastung für unsere Gewässer. Waschmittel aus dem Bioladen sind prinzipiell weniger umweltschädlich als konventionelle Waschmittel. Aber auch in der Drogerie finden sich teilweise Waschmittel mit den Umweltzeichen der Bundesregierung *Blauer Engel* oder dem Europäischen Umweltzeichen *Euroblume*, die versichern, dass das Mittel eine gute Waschkraft besitzt und zumindest kein Mikroplastik enthält. Gerade die beliebten Duftstoffe, die besonders hochkonzentriert in Weichspülern vorkommen, sind leider besonders schädlich. Sie können Allergien auslösen, sind nur sehr schlecht biologisch abbaubar und für viele Wasserlebewesen giftig.

Deswegen riecht das Abwasser oft ganz hervorragend, wenn es aus der Kläranlage kommt. Bestimmte Moschusverbindungen findet man dann im Fettgewebe von Speisefischen.
Marcus Gast, Umweltbundesamt

Sogenannte Voll- oder Universalwaschmittel eignen sich trotz ihres verwirrenden Namens nicht für alle Kleidungsstücke. Da sie Bleiche enthalten, kann Buntwäsche mit der Zeit die Farbe verlieren.

Je nach Produkt gibt es also sehr wohl Unterschiede in der Ökobilanz. Es lohnt sich daher, nach Produkten zu suchen, die eine möglichst niedrige Belastung für die Umwelt darstellen – oder du experimentierst zur Abwechslung einmal mit natürlichen Alternativen oder selbst gemachten Produkten.

ALTERNATIVE WASCHMITTEL

Die Waschnuss gilt derzeit als angesagte, nachhaltige Waschalternative. Leider hat die hohe Nachfrage in unseren Regionen nach den seifenhaltigen Nüssen, die meist aus Indien stammen, die Preise dort stark in die Höhe getrieben. Dadurch können sich heute ärmere Bevölkerungsgruppen das traditionelle Waschmittel nicht länger leisten und mussten so zwangsläufig auf konventionelle Waschmittel umsteigen. Da indische Kläranlagen, im Ver-

↑ *Waschnüsse und Efeu enthalten Saponine*

gleich zu den Kläranlagen hierzulande, nur einen Bruchteil der Chemikalien ausfiltern, verschlechtert sich die Wasserqualität dort rapide. Wenn du also mit Nüssen waschen willst, dann experimentiere besser mit der heimischen Rosskastanie. Genau wie die klassische Waschnuss enthalten Rosskastanien Saponine und haben offenbar eine sehr gute Waschkraft. Auch Efeu enthält Saponine und soll als natürliches Waschmittel funktionieren. Die Zero-Waste-Expertin Shia Su empfiehlt einen Schuss Zitronensäure beziehungsweise Essig als Alternative zu Weichspülern und Hygienespülern – oder auch den Einsatz komplett selbst hergestellter Waschmittel. Die grüne Plattform *smarticular* berichtet über die Vorteile von weißem Essig als nachhaltige Waschmittelalternative. Das Lager der Waschmaschinenhersteller hingegen fürchtet um die Lebensdauer von Gummiteilen in der Maschine und rät davon ab, Essig- oder Zitronensäure regelmäßig zu verwenden.

Wie du siehst, gibt es beim Thema Wäschewaschen zahlreiche Interessengruppen und widersprüchliche Ratschläge. Für meine Tipps und Wasch-Hacks habe ich mich, nach ausgiebiger Recherche, besonders an den Ratschlägen des Umweltbundesamtes orientiert. Aber letztlich hängt deine Art zu waschen auch von deinen individuellen Bedürfnissen, Werten und Prioritäten ab. Natürlich ist es am nachhaltigsten, wenn du nur noch mit Rosskastanien wäschst. Ich möchte jedoch vermeiden, dass du frustriert alle guten Ratschläge über den Haufen wirfst, weil sie dich überfordern und sie dir ganz und gar nicht alltagstauglich erscheinen. Oft ist es besser umsetzbar und damit zielführender, das eigene Verhalten Stück für Stück zu verändern, als auf einen Schlag zu versuchen, alles perfekt zu machen. Verzage also bitte nicht und gib dir Zeit, zu experimentieren und nach und nach für dich herauszufinden, was sich in deinem Alltag gut umsetzen lässt. Dies gilt auch für das Trocknen deiner Wäsche und mögliche Verhaltensänderungen, die dich vielleicht erst einmal abschrecken.

TROCKNEN

Wusstest du, dass Wäschetrockner absolute Energiefresser sind? Sie verbrauchen circa

← *Indem du Wäsche zum Trocknen aufhängst, reduzierst du deinen Energieverbrauch um mehr als 50 Prozent*
→ *Manifest der NGO »STOP! Micro Waste«, die über konkrete Maßnahmen gegen Mikroplastik informiert*

60 Prozent (!) der gesamten Energie, die für die Nutzung unserer Kleidung benötigt wird. Damit schlägt der Wäschetrockner in der Energiebilanz noch deutlich mehr zu Buche als das Wäschewaschen selbst. Aus Nachhaltigkeitssicht ist es daher ratsam, die Wäsche stattdessen aufzuhängen und den Trockner möglichst zu vermeiden.

Du denkst jetzt sicher: »Oh Gott, so viel zusätzlicher Aufwand!« – was aber nicht unbedingt der Fall sein muss. Ich hänge meine Kleidung zum Beispiel nach dem Waschen sehr ordentlich per Hand auf (bei Bedarf auf Kleiderbügel). Das dauert zugegebenermaßen seine Zeit, aber dadurch kann ich mir das Bügeln komplett sparen – für mich unter dem Strich ein guter Deal.

> I WILL FIGHT CONVENIENCE AND AVOID SINGLE USE PLASTIC. I WILL NOT WASH SYNTHETIC GARMENTS WITHOUT FILTERING THE WASTEWATER. I WILL REUSE ALL VALUABLE MATERIALS. I WILL SEPARATE WASTE. I WILL REPAIR BEFORE I BUY NEW STUFF. I WILL BE CRITICAL TOWARDS MISLEADING ADVERTISING. I KNOW I DO NOT NEED MUCH AND FOCUS ON THE ESSENTIAL. I ACKNOWLEDGE THAT MY CONTRIBUTION TO PROTECT NATURE MATTERS. IF WE CONTINUE AS IT IS, THE POLLUTION OF OUR OCEANS WILL BE IRREVERSIBLE. PLEASE REFLECT AND CHANGE YOUR HABITS AND CONVINCE OTHERS TO DO SO, TOO. SPREAD THE WORD. WE NEED TO ACT **NOW**. STOP**!** MICRO WASTE

BÜGELN

Keine andere Tätigkeit im Umgang mit Kleidung nervt mich persönlich so sehr wie Bügeln. Lange verschwand meine Bügelwäsche nach einmaligem Tragen für alle Ewigkeit im Wäschekorb und nagte an meinem Gewissen. Irgendwann habe ich für mich beschlossen, mich nicht mehr mit dieser lästigen Pflicht zu belasten. Daher achte ich schon vor dem Neuerwerb eines Kleidungsstücks darauf, dass es nicht unbedingt gebügelt werden muss. Andernfalls weiß ich einfach, dass ich das gute Stück aus Bügelfaulheit kaum anziehen würde (nämlich genau einmal), und warte lieber auf ein anderes Teil, das nicht so pflegeintensiv daherkommt.

Aber vielleicht bist du ja ein echter Bügelfreund oder du hast das Gefühl, du kommst aus beruflichen Gründen nicht ums Bügeln herum. Dann will ich dir deine Freude, das heiße Eisen zu schwingen, natürlich nicht nehmen. Laut einer Untersuchung des Chelsea College of Art and Design kostet Bügeln auf Höchststufe mit Dampffunktion jedenfalls ungefähr so viel Energie wie das Waschen selbst (!). Bügelfaulheit und Nachhaltigkeit ergänzen sich hier also ganz hervorragend.

MODE UND MIKROPLASTIK

Du weißt bereits, dass sehr viel Wasser zur Herstellung von Baumwollkleidung verbraucht wird. Im Vergleich dazu wird bei der Produktion erdölbasierter Kunstfasern nur wenig Wasser benötigt. Dass die jedoch auch keine nachhaltige Lösung sind, beweist die aktuelle Bedrohung durch Mikroplastik. Da unsere Kleidung durchschnittlich zu 60 Prozent aus

↑ Der Waschbeutel Guppyfriend reduziert den Abbruch von Mikrofasern beim Waschen um 86 Prozent und filtert Mikrofasern effektiv aus

Polyester besteht, lösen sich beim Waschen große Mengen mikroskopisch kleiner Kunstfaserstücke heraus. Aus einem einzigen Kleidungsstück können sich bei einem Waschgang bis zu 700 000 winzige Faserpartikel lösen und sukzessive unser Wasser verunreinigen. Rund 500 000 Tonnen an Mikroplastik finden so jährlich ihren Weg in die Gewässer – das entspricht einer unglaublichen Menge von 50 Milliarden Plastikflaschen, mit denen wir die Umwelt und uns selbst nachhaltig belasten (Quelle: FAZ.de). Laut Greenpeace bestehen bereits 35 Prozent des gesamten Mikroplastiks in den Weltmeeren aus derartigen Kunstfaserpartikeln. Als Mikroplastik werden Kunststoffteilchen bezeichnet, die kleiner als 5 Millimeter sind. Es entsteht durch den Zerfall größerer Plastikgegenstände und den Abrieb von Autoreifen. Darüber hinaus wird Mikroplastik in Kosmetikartikeln als Füllstoff in großer Menge beigemischt oder es löst sich beim Waschen aus unseren Kunstfasertextilien. Die Faserpartikel sind so winzig, dass unsere Kläranlagen nur einen Teil herausfiltern können. So findet sich Mikroplastik im Klärschlamm und wird als Dünger auf unsere Felder ausgebracht. Es findet sich in unseren Flüssen und Seen. In den Mägen diverser Tiere zu Wasser, zu Land und in der gesamten Nahrungskette. Selbst in der Muttermilch und im menschlichen Kot wurde es mittlerweile nachgewiesen. Egal, ob in Mineralwasser, Honig oder Bier – Mikroplastik ist überall. Das Problem ist: Mikroplastik gibt krebserregende Inhaltsstoffe wie Bisphenol A und Weichmacher an die Umwelt frei – an Gewässer, Lebewesen, an uns und unsere Kinder. Höchste Zeit zum Umdenken.

SAUBERKEIT ALS STATUSSYMBOL

Neben großen Faktoren wie Waschtemperatur, Trockenmethode oder Mikroplastik gibt es weitere Punkte, die einen Einfluss auf unser Waschverhalten und den ökologischen Impact unserer Kleidung ausüben. Denn Waschen und Kleiderpflege sind eng verbunden mit gesellschaftlichen Normen und Idealen von Sauberkeit, Reinlichkeit und Hygiene. Bereits im 4. Jahrhundert vor Christus empfahl der griechische Arzt Hippokrates die Hygiene als vorbeugende Maßnahme gegen Krankheiten. Im Laufe der Jahrhunderte etablierte sie sich langsam im häuslichen Umfeld und wurde zum Symbol innerer Reinheit und Frömmigkeit. Der Siegeszug der Waschmaschine Mitte des 20. Jahrhunderts ermöglichte ein neues

WENIGER MIKROPLASTIK

1 Versuche, deinen Konsum erdölbasierter Kunstfasern wie Polyester, Polyacryl, Polyamid oder Elastan zu reduzieren. Gebrauchte Kleidung verliert viel weniger Mikroplastik als neue. Investiere beim Neukauf von Stücken aus Kunstfasern in wenige, qualitative Teile, die du wirklich benötigst und lange benutzt.

2 Wenn das Stück irgendwann beschädigt ist, repariere es oder lasse es reparieren und schenke ihm ein zweites Leben.

3 Wasche es nur so warm wie unbedingt nötig. Je höher die Waschtemperatur, desto mehr Mikroplastik setzt du beim Waschen frei.

4 Informiere dich über individuelle Filtersysteme (zum Beispiel den Waschbeutel »Guppyfriend«), mit denen du Mikroplastik direkt beim Waschen herausfiltern kannst.

Level der Reinlichkeit. Perfekte Sauberkeit wurde daraufhin gleichgesetzt mit Erfolg, Reichtum und Familienglück. Noch heute gründen ganze Industrien auf unserer Sehnsucht nach perfekter Reinheit mit Waschmitteln, die versprechen, »weißer als weiß« zu waschen. Da mag es radikal erscheinen, das eigene Waschverhalten kritisch zu hinterfragen.

Waschen bei niedrigen Temperaturen – ist das überhaupt hygienisch? Natürlich wollen wir uns achtsamer verhalten, aber müffeln für die Umwelt? Keinesfalls! Trotzdem muss nicht jedes Kleidungsstück nach einmaligem Tragen automatisch in die Wäsche. Ich zum Beispiel trage am liebsten weite Oberteile. Da diese nicht so körpernah geschnitten sind, kann ich sie oft mehrmals tragen, bevor sie in der Wäsche landen. Getragene Klamotten hänge ich am Abend auf und entscheide am nächsten Tag, ob ein Stück noch frisch riecht oder in die Wäsche wandert. Braucht ein Teil nur eine kleine Auffrischung, reicht es oftmals, es draußen oder im Badezimmer auszulüften. Manche Flecken lassen sich auch gut ausbürsten.

Frage dich ehrlich, was der Begriff »sauber« eigentlich für dich bedeutet. Wie lange kannst du ein Stück maximal tragen und wann gehört es wirklich in die Wäsche? Gerade Jeanshosen müssen im Grunde kaum gewaschen werden, was ihre Lebenszeit übrigens deutlich verlängert. Wo endet der Aggregatszustand »sauber« und wo beginnt »schmutzig« für dein persönliches Empfinden? Ein äußerst spannendes Thema mit großem Nachhaltigkeitspotenzial.

ⓘ In den folgenden Wasch-Hacks habe ich die wichtigsten Erkenntnisse über achtsames, energieeffizientes Waschen noch einmal für dich auf den Punkt gebracht.

HACKS ZUR KLEIDERPFLEGE

*Die wichtigsten Tipps und Tricks bei der Kleiderwäsche,
um in Zukunft möglichst effektiv und umweltbewusst zu waschen.*

1 Hänge deine Wäsche zum Trocknen auf
Sofern du die Möglichkeit dazu hast.

2 Wasche mit niedrigeren Temperaturen
Wasche zum Beispiel 75 Prozent als Fein- und Buntwäsche bei maximal 30 °C, 25 Prozent deiner Wäsche bei 60 °C.

3 Lang statt kurz
Wähle statt Kurzwäsche lieber den länger dauernden Ecowaschgang oder einen Waschgang in normaler Länge.

4 Hinterfrage dein Wasch-, Trocken- und Bügelverhalten

5 Belade deine Waschmaschine möglichst effektiv
Bei Bunt- und Kochwäsche solltest du sie fast voll beladen – du solltest die Rückwand der Waschtrommel gerade noch berühren können. Bei Wäsche der Kategorie »pflegeleicht« solltest du die Maschine nur halb füllen. Für Wolle und Feines – also für den Waschgang Hand- oder Feinwäsche – gilt, die Trommel nur bis maximal 20 bis 25 Prozent zu befüllen.

6 Verzichte auf Weichspüler

→ *Auch konventionellen Pulverwaschmitteln wird oftmals Mikroplastik beigemischt. Die App Codecheck hilft bei der Suche nach umweltfreundlichen Produkten*

7 Verwende Fest- statt Flüssigwaschmittel
Zum Beispiel von einem Ökoanbieter wie *Ecover*. Benutze das passende Mittel für das jeweilige Textil – zum Beispiel kein Vollwaschmittel für Buntwäsche.

8 Dosiere Waschmittel sparsam
Gemäß Dosierempfehlung auf der Verpackung.

9 Beachte die Pflegehinweise
Wasche entsprechend den Angaben auf dem Etikett – wenn du unsicher bist, liefert dir das Portal www.waesche-waschen.de/waschsymbole alle Pflegekennzeichen auf einen Blick.

CHECK IT OUT!

» Der Internetauftritt des Umweltbundesamtes (www.umweltbundesamt.de) liefert viele interessante Erkenntnisse und Anregungen zum Thema Kleiderwäsche.

» Auf der Plattform www.forum-waschen.de findest du einen Online-Waschrechner, mit dem du deinen individuellen Wasser- und Energieverbrauch berechnen kannst. Dort kannst du auch berechnen, welche Ersparnis dir eine niedrigere Waschtemperatur bringt und wie viel Wasser und Strom deine Waschmaschine ungefähr verbraucht.

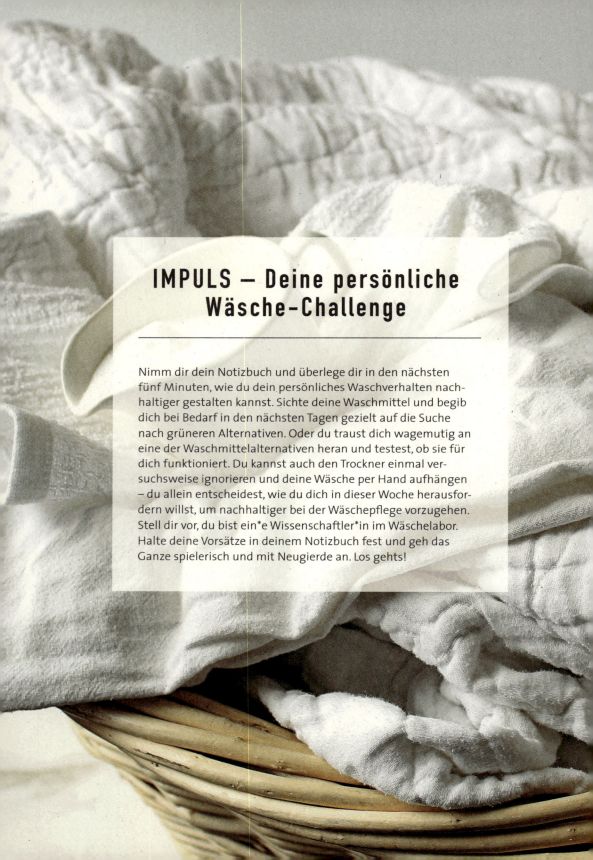

IMPULS – Deine persönliche Wäsche-Challenge

Nimm dir dein Notizbuch und überlege dir in den nächsten fünf Minuten, wie du dein persönliches Waschverhalten nachhaltiger gestalten kannst. Sichte deine Waschmittel und begib dich bei Bedarf in den nächsten Tagen gezielt auf die Suche nach grüneren Alternativen. Oder du traust dich wagemutig an eine der Waschmittelalternativen heran und testest, ob sie für dich funktioniert. Du kannst auch den Trockner einmal versuchsweise ignorieren und deine Wäsche per Hand aufhängen – du allein entscheidest, wie du dich in dieser Woche herausfordern willst, um nachhaltiger bei der Wäschepflege vorzugehen. Stell dir vor, du bist ein*e Wissenschaftler*in im Wäschelabor. Halte deine Vorsätze in deinem Notizbuch fest und geh das Ganze spielerisch und mit Neugierde an. Los gehts!

↑ *Entfessle deine modische Kreativität und setze altbekannte Stücke in ein neues Licht*

WOCHE 9

Rethink – Alte Stücke in neuem Glanz

Raus aus dem Mangelbewusstsein und rein in die Fülle! Überrasche dich selbst und finde heraus, welches kreative Potenzial in dir und deinen Klamotten steckt.

WAS DICH IN DIESER WOCHE ERWARTET

» Wir begeben uns auf die Suche nach deinen individuellen Stilfacetten und schauen uns an, welche Prinzipien es gibt, um tolle Outfits zusammenzustellen und spannungsreich zu kombinieren.
» Wir widmen uns kreativen Techniken wie dem Button Masala, mit denen du vertraute oder abgetragene Stücke komplett transformieren kannst – ganz ohne Nähen.
» Wir befassen uns mit dem Thema Reparieren und Auffrischen alter oder beschädigter Modeschätze.

DEINEN MODEFACETTEN AUF DER SPUR

Oftmals greifen wir beim Shoppen zu Kleidungsstücken, die einen ganz bestimmten Stil ausstrahlen, der irgendetwas in uns zum Schwingen bringt. Dabei übersehen wir, dass uns die Farbe gar nicht steht oder das Teil nicht bequem sitzt. Diese Klamotten fristen dann oft ungetragen ein Schattendasein in unseren Kleiderschränken. In Bezug auf die inneren Stiltypen, die in uns schlummern, können uns diese Fehlkäufe allerdings interessante Erkenntnisse liefern. Es gibt Menschen, die einen ganz bestimmten Stil haben, und andere wie mich, die viele verschiedene Stile tragen und miteinander kombinieren. Begeben wir uns also auf die Suche nach deinen individuellen Modefacetten.

ANLEITUNG

1 Greife dir die Klamotten und Accessoires, die du im Alltag am häufigsten trägst, und breite sie auf deinem Bett aus.

2 Gruppiere nun Stücke ähnlichen Stils und bilde auf diese Weise Kleiderhaufen. Wenn einzelne Stücke einem anderen Stil entsprechen, können sie durchaus einen eigenen Haufen bilden.

3 Ergänze die Stilgrüppchen auf deinem Bett um weitere Kleidungsstücke oder Accessoires, bis du das Gefühl hast, dass alle deine wichtigsten Modefacetten präsent sind.

4 Gib jedem Kleiderhaufen einen eigenen Namen. Er steht für jeweils einen deiner inneren Stiltypen.

↑ *Ob ladylike, sexy oder Tomboy-Style – begib dich auf die Suche nach deinen individuellen Stilfacetten*

Während sich manche Teile keinem eindeutigen Stil zuweisen lassen und multifunktional einsetzbar sind, verweisen andere deiner Stücke auf einen konkreten Stil. Es kann sehr hilfreich sein, die eigenen Modefacetten einmal für sich herauszuarbeiten und zu benennen. Dann kannst du dich am Morgen vor dem Kleiderschrank einfach fragen, welche(n) deiner inneren Typen du heute zum Leben erwecken willst. Am einfachsten ist es, sich innerhalb eines Outfits an einer Stilfacette zu orientieren. Spannender wird es jedoch, wenn du mit Stilbrüchen spielst und unterschiedliche Facetten miteinander mischst. Da trifft zum Beispiel der Urban Soldier auf die Femme fatale – in Form eines kurzen, mädchenhaften Kleides aus cremefarbener Spitze kombiniert mit einem olivgrünen Militärparka zu derben braunen Lederboots und einem braunen Rucksack im Used Look. Und welche inneren Stiltypen wohnen in deiner Brust?

KLEIDUNG ANSPRECHEND KOMBINIEREN

Ein Outfit stimmig zu arrangieren, ist wie eine Collage zu entwickeln und verschiedene Farben, Muster und Strukturen in Einklang zu

IMPULS – Discover your Style Types!

Sichte deinen Kleiderschrank und begib dich auf die Suche nach deinen inneren Modefacetten. Noch einfacher und unterhaltsamer ist es, wenn du dir eine Freundin mit ins Boot holst, die jeden deiner Stiltypen auf einem Foto festhält. Teile deine Modefacetten gerne mit uns auf Instagram unter dem Hashtag #meinestiltypen. Ich habe zum Beispiel meine liebe Freundin Anna besucht und mich mit ihr gemeinsam auf die Suche nach ihren Modefacetten gemacht.

↑ *Komplementärkontrast: Dunkelblau & Gelborange*   ↑ *Komplementäre Töne liegen sich im Farbrad gegenüber*

bringen. Die wichtigsten Gestaltungsprinzipien beim Erstellen von Outfits sind für mich die Themen Kontrast und Harmonie:

Komplementärkontraste
Bei farbigen Kleidungsstücken suche ich erst einmal nach anderen Teilen oder Accessoires in der entsprechenden Komplementärfarbe. Entsprechend dem Farbkreis von Johannes Itten sind dies die wichtigsten Komplementärkontraste:
» Gelb und Lila
» Orange und Blau
» Rot und Grün

Der Komplementärkontrast macht ein Outfit lebendig und bringt beide Grundfarben zum Leuchten. Zu blauen Basics (zum Beispiel einem dunkelblauen Anzug oder einer indigoblauen Jeans) passen hervorragend Farbakzente in Braunorange oder Gelborange. Ich versuche, die entsprechende Akzentfarbe ein- bis zweimal innerhalb eines Outfits aufzugreifen (zum Beispiel durch die Wahl der Schuhe, Socken, eines passenden Gürtels oder einer Handtasche) – schon wirkt der Look in sich schlüssig, lebendig und doch ausgewogen. Das Prinzip der Komplementärfarben ist auch der Grund, weshalb fast allen Menschen

Blau- und Grüntöne so hervorragend stehen. Denn unabhängig von der Helligkeit unserer Haut weist unser Teint orange-rote Pigmente auf, die somit perfekt zu blauen und grünen Tönen passen. Dieser kleine Exkurs in die Farbtheorie soll dir nur als grobe Orientierung dienen und dich beim Kombinieren keinesfalls einschränken. Wenn du andere Farben findest, die eine schöne optische Spannung erzeugen, dann kombiniere einfach auf deine Art und vertraue deinen Sinnen.

Muster
Natürlich trage ich auch gemusterte Teile, die mehrfarbig sein können. Diese kombiniere ich gerne mit neutralen oder einfarbigen Tönen. Runde dein Outfit ab, indem du mit einem Kleidungsstück oder Accessoire gezielt eine Farbe des Musters aufgreifst.

Monochrom & Ton in Ton
Du kannst dich auch nur auf eine Farbe konzentrieren und diese von Kopf bis Fuß durchziehen – entweder ganz streng oder grob innerhalb einer Farbfamilie changieren. Oder du setzt noch einen drauf und kombinierst das ansonsten monochrome Ensemble mit einer kontrastierenden Knallfarbe.

Hell-Dunkel plus Farbklecks
Hast du ein Kleidungsstück in einem neutralen Ton, für das dir entsprechende Outfitkombis fehlen? Dann suche nach anderen Stücken, die um einiges heller oder dunkler sind, und kombiniere das Outfit mit einem interessanten Schmuckstück oder einer leuchtenden Farbe (die sich gut von beiden neutralen Tönen abhebt). Outfits in neutralen Tönen können extrem stylish wirken, wenn du einen leuchtenden Farbakzent setzt. Eine hellgraue Strickjacke kombiniere ich zum Beispiel mit einem schwarz-weißen Top und belebe das Ganze mit einem leuchtend pinken Rock.

Darüber hinaus gibt es natürlich noch diverse andere Kontraste und Styling-Strategien. Ich habe mich hier auf die Styling-Prinzipien konzentriert, die ich selbst im Alltag nutze, und hoffe, dass sie für dich ebenso hilfreich sind.

← Besitzt du auch Stücke, die zu wenig Kontrast zu deinem Teint bieten? Diese helle Strickjacke ist so ein Fall. Mit einem dunklen Top und einer Knallfarbe funktioniert sie jedoch bestens

Ein Hemd bietet endlose Styling-Optionen: vorwärts, rückwärts, upside down, als Cape, Rock usw.

RESTYLE! EIN STÜCK – 1000 MÖGLICHKEITEN

Um freier, experimenteller und kreativer mit Mode umzugehen, hilft es, einzelne Kleidungsstücke bewusst mit neuen Augen zu betrachten. In Projekten wie *This is not a shirt!* oder der Social Media Challenge *#1shirt1week* habe ich in den vergangenen Jahren ausgiebig mit den modischen Möglichkeiten klassischer Hemden experimentiert. Im ersten Moment mag es sich vielleicht komisch für dich anfühlen, freier mit deiner Kleidung zu experimentieren. Mit der Zeit jedoch wird es dir immer leichter fallen und beginnen, richtig Spaß zu machen. Ich selbst greife mir vor dem Schlafengehen regelmäßig ein Teil aus dem Schrank, das ich zu selten trage, und suche ein paar Minuten ganz intuitiv nach neuen Outfitkombinationen. Schon nach kurzer Zeit komme ich so fast immer auf neue Styling-Ideen

STYLING-TIPPS

» Elastische Oberteile und weite Hemden lassen sich meist an diversen Körperstellen tragen und durch ihre Knopfleisten auf zahlreiche Arten umformen und drapieren. Versuche einfach mal, ein Hemd einen Moment lang nicht nur als Hemd zu betrachten, sondern spielerisch zu erkunden und an deinem Körper zu drapieren.

» Unter Schlagworten wie »Männerhemd umstylen«, »style hacks t-shirt«, »restyle shirt« oder »revamping shirt« findest du zahlreiche Inspirationen und Anleitungen auf Youtube, um mit einem Hemd deiner Wahl kreativ zu werden.

und gehe anschließend inspiriert und beschwingt ins Bett. Dann fühlt es sich beinahe so an, als hätte ich ein ganz neues Kleidungsstück dazugewonnen.

LESS IS MORE

Schon mit wenigen guten Kleidungsstücken lässt sich eine schier endlose Reihe unterschiedlicher Looks erstellen. Im Sommer 2019 habe ich für *Fairnica* (ein nachhaltiges Start-up für Fair Fashion Leasing, also Mietkleidung) eine Mini-Kollektion von insgesamt sieben ecofairen Kleidungsstücken zusammengestellt und im Rahmen eines Fotoshootings demonstriert, wie sich damit 30 unterschiedliche Looks gestalten lassen. *Fairnica* verleiht sogenannte Kapseln (angelehnt an den Trendbegriff »Capsule Wardrobe«), die aus fünf bis acht nachhaltigen Lieblingsstücken ecofairer Modelabels bestehen und sich bestens untereinander und mit den Basics im heimischen Kleiderschrank kombinieren lassen. Das Shooting beweist, was für eine modische Bandbreite dir schon ein paar wenige gute Kleidungsstücke ermöglichen.

LITTLE BLACK DRESS

Selbst ein einziges Kleidungsstück bietet unzählige Kombinationsmöglichkeiten. Das beste Beispiel hierfür lieferte die US-Amerikanerin Sheena Matheiken mit ihrem *Uniform Project*. Im Jahr 2009 beschloss sie, ein Statement gegen den Konsumwahn zu setzen. Sie trug 365 Tage lang genau ein schwarzes, kurzes Kleid und erfand ihr *Little Black Dress* jeden Tag durch kreatives Styling neu.

FAIRNICA

Teile deinen Look   #einekapselgutes

Damit gelang es ihr, für ein Kinderhilfsprojekt in Indien weltweit über 100 000 US-Dollar einzusammeln. Unter matheiken.com/ted-talk findest du Sheena Matheikens Homepage sowie ein Video ihres gefeierten TED-Vortrags *The Uniform Project* (2010).

> *Wenn ein kleines Schwarzes passt, gibt es nichts, was man sonst tragen könnte.*
> Wallis Warfield Simpson

ⓘ In Anlehnung an Matheikens Fashion-Fundraising-Aktion entstand 2010 das deutsche Projekt *Das kleine Blaue* und viele andere Challenges auf der ganzen Welt mit ähnlichem Ansatz. Um deinen Einfallsreichtum beim Styling wachzukitzeln, habe ich auf der nächsten Seite einen IMPULS als modische Lockerungsübung für dich vorbereitet.

RESTYLE & REPAIR

Um deinen Stücken eine eigene Handschrift zu verleihen, musst du nicht nähen können. Nach Jahrhunderten strenger Moderegeln werden Kleidungsstücke heute gezielt zerrissen, abgewetzt und zeschnitten. Erlaubt ist, was gefällt, und der Used-, Destroyed- oder Undone-Look ist angesagt wie nie. Auch viele hochkarätige Designer wie Martin Margiela oder Ann Demeulemeester spielen immer wieder mit der Ästhetik des Unfertigen, holen Innennähte nach außen, lassen Kanten ausfransen und zeigen textile Elemente, die normalerweise versteckt werden. Mode ist viel mehr als eine Frage handwerklicher Fähigkeiten, sie ist heute zu einer Haltung und einem individuellen Ausdruck geworden. Befreie dich in dieser Woche bewusst von deinem Anspruch auf Perfektion und überlasse deiner Intuition und deiner Neugierde das Ruder.

BUTTON MASALA

Das ist der Name einer Styling-Technik des indischen Designers Anuj Sharma, mit der sich Modeentwürfe nachhaltig und völlig ohne Nähen in kurzer Zeit realisieren lassen. Der Stoff wird über Knöpfe oder Metallplättchen gestülpt und mit Gummis fixiert. So lassen sich aus Stoffstücken Kleidungsstücke mit Verschluss drapieren, die sogar gewaschen werden können. Bei Bedarf kannst du sie wieder auseinandernehmen und ein neues Stück daraus fertigen. Anna Albers hat auf der Technik des Button Masala ihre Marke *Albers Artwork* aufgebaut und dazu beigetragen, die Gestaltungsmethode hierzulande zu verbreiten. Auf ihrer Website (www.albersartwork.de) bietet sie Tipps, Tutorials, Workshops und DIY-Kits, um selbst mit Button Masala kreativ zu werden. Gegen eine kleine Gebühr kannst du dort auch einen Online-Videokurs erwerben,

↑ Albers Artwork *bietet DIY-Kits, Tutorials und Workshops zur revolutionären Knüpftechnik Button Masala*

IMPULS — Mix 'n' Match

Bestimmt besitzt du auch mindestens ein Kleidungsstück, das du kaum trägst, da dir die richtigen Outfitkombinationen fehlen. Nimm es dir einmal ganz genau vor: Welche modischen Möglichkeiten verbergen sich dahinter?

1 Probiere aus, auf wie viele Arten es sich sonst noch tragen lässt! Versuche, es umzudrehen, umzustülpen, zu krempeln, zu knoten usw. – manchmal ergibt sich dadurch ein ganz neuer Look oder eine witzige Upcyclingidee.

2 Nimm das gute Stück in die Hand und gehe deinen Schrank systematisch durch:
» Welche Farben und Kleidungsstücke in deinem Schrank wären ein schöner Kontrast dazu?
» Was ist die entsprechende Komplementärfarbe?
» Was wäre ein guter Hell-Dunkel-Kontrast oder eine Kombination Ton in Ton?

3 Halte die Stoffe nebeneinander, sammle die vielversprechendsten Kombis auf dem Bett, probiere sie an, runde die Outfits mit passenden Accessoires ab und halte deine Ideen fotografisch fest.
» Du sehnst dich nach mehr modischem Beistand? Dann lade dir eine stilsichere Freundin ein und lass dich bei der Suche nach schönen Outfitkombinationen unterstützen.

SCHNELLE STYLING-HACKS

So holst du das Beste aus »ollem« Kleiderkram heraus.

WENIGER IST MEHR

Ich selbst konzentriere mich beim Kombinieren meiner Outfits auf maximal ein bis zwei Grundfarben. Manchmal entscheide ich mich auch einfach für Schwarz von Kopf bis Fuß, lege einen knallroten Lippenstift auf und fertig ist der Look. Einfacher geht es gar nicht!

STÜCKE FARBLICH »PASSEND MACHEN«

Manchmal besitzen wir Stücke, die uns nicht zu 100 Prozent stehen, die wir jedoch trotzdem überaus schätzen. Zum Beispiel, weil sie eine Farbe besitzen, die wir lieben und die uns einfach guttut. Ich selbst bin gerade ein glühender Fan der Farbe Gelb in allen Nuancen – auch wenn mir der Ton oft nicht optimal steht. Er harmoniert zwar mit meinem Teint (der eher gelblich als rötlich ist), aber er ist ihm zu ähnlich und lässt mich daher »verschwinden«. Darum mache ich mir einen kleinen Styling-Trick zunutze:
» Ich kombiniere das Teil mit anderen Kleidungsstücken und nutze diese als farbliche Trennung: Ich ziehe zum Beispiel ein anderes Oberteil mit Kragen darunter und hole diesen als optischen Platzhalter hervor. Oder ich nutze einen Schal; oder beides zugleich.

AUS DER NOT EINE TUGEND MACHEN

Eine solche Kragenlösung kann sich als echter modischer Mehrwert entpuppen, wenn du den Kragen zum Beispiel mit einer Brosche pimpst. Ich besitze sogar einen losen Kragen, den ich einmal von einem alten Hemd abgeschnitten habe und seitdem als Accessoire nutze und immer wieder mit Broschen und Schmuckelementen kombiniere. Mit den richtigen Accessoires kannst du ein ganz einfaches, langweiliges Outfit in Sekundenschnelle aufwerten und interessant machen.

← Aus der Not eine Tugend gemacht: Als Teenager bekam ich eine abgeschnittene blaue Krawatte in die Hände. Ich flickte sie mit knallgelbem Garn und machte sie zu meinem neuen Lieblingsaccessoire

bei dem du lernst, mit dieser Technik in nur 20 Minuten ein eigenes Kleid zu knüpfen. » Für erste Experimente kannst du einfach mit ein paar Haushaltsgummis, Knöpfen und einem dünnen rechteckigen Tuch improvisieren (etwa einem Pashmina-Schal). Viel Spaß!

WAS TUN MIT MODISCHEN ANDENKEN?

Vielleicht besitzt du auch Stücke, die so nicht (mehr) tragbar sind, aber die du nicht loslassen kannst. Ich verwahre zum Beispiel seit fast 25 Jahren einen Tweed-Blazer meiner verstorbenen Oma und frage mich, wie ich ihn in meine Garderobe integrieren könnte. Leider ist er viel zu groß, besitzt gruselige Schulterpolster und einen unvorteilhaften Schnitt. Nun bin ich auf die Seite www.reissuedstyle.com der Designerin Felicia Zivkovic gestoßen. Für eingeschickte Kleidungsstücke erhältst du nach kurzer Zeit fünf Modezeichnungen mit Upcycling-Ideen und Preisen fürs Umschneidern. Ein neu designtes Item erhältst du nach wenigen Wochen zurück. Da die Änderungen sehr zeitaufwendig sind, variieren die Kosten zwischen 90 und 460 Euro. Bist du auf der Suche nach günstigeren Lösungen, solltest du selbst Hand anlegen. Auf Instagram liefert *REISSUEDstyle* (hierfür) wunderbare Inspirationen.

GOLDEN JOINERY – KREATIVES REPARIEREN

Manchmal reicht es schon, beschädigte Sachen auf kreative Weise zu reparieren. Denn selbst das vermeintlich nervende Flicken lässt sich zur modischen Kunstform erheben. Ein wunderschönes Beispiel für das kreative Potenzial, das im Reparieren alter Kleiderschätze liegt, liefert das Konzept *Golden Joinery*. Inspiriert von der japanischen Technik *Kintsugi*, bei der zerbrochenes Porzellan mit Goldfarbe auf sichtbare Weise wieder zusammengefügt wird, wird beschädigte Kleidung mit goldenen Fäden oder Stoffstücken geflickt. Inspirationen und Beispiele findest du auf der Projekt-Homepage (www.goldenjoinery.com) sowie auf Instagram (@golden_joinery).

There is a crack, a crack in everything. That's how the light gets in.
Leonard Cohen

ERSTE HILFE FÜR VERSEHRTE KLEIDERSCHÄTZE

Gehörst du wie ich zu den Menschen, die sich kaum zum Reparieren aufraffen können? Ich habe aber festgestellt, dass mir Flicken große Freude bereitet, wenn ich ein oder zwei Freundinnen dazu einlade. In netter Runde, bei Kaffee und Kuchen erhält die lästige Pflicht plötzlich einen neuen Reiz. Bei größeren Änderungen wende ich mich jedoch an meine Schneiderin. Ein hochwertiges Stück reparieren oder ändern zu lassen, ist meist günstiger, als ein neues in vergleichbarer Qualität zu kaufen. Ein achtsamer Umgang mit Mode kostet Aufmerksamkeit, Zeit und Geld. Wähle daher deine Klamotten bewusst aus. Bei einem riesigen Kleiderberg ist es einfach nicht machbar, sich achtsam um jedes einzelne Stück zu kümmern. Es ist daher besser, eine kleine, sorgsam zusammengestellte Garderobe zu besitzen. Indem du deine Kleidung zum Beispiel zwei Jahre statt nur ein Jahr lang nutzt, trägst du aktiv zum Umweltschutz bei und reduzierst deine persönliche CO_2-Bilanz ganz elegant um satte 24 Prozent (Quelle: Greenpeace).

IMPULS – Refresh!

Widme dich alten oder versehrten Modeschätzen und schenke ihnen ein neues Leben. Es ist völlig egal, ob du nur ein paar Knöpfe annähst, ein besonderes Design im Stil von *Golden Joinery* ausprobierst, ein altes Teil recycelst oder komplett umgestaltest – Hauptsache, du nimmst dein modisches Schicksal einmal selbst in die Hand!

1 Entscheide dich jetzt für ein Kreativprojekt deiner Wahl.

2 Überlege, ob du spezielle Materialien dafür benötigst und wann und wo du diese besorgst.

3 Blocke dir für die kommenden Tage ein paar Stunden, um gestalterisch zur Tat zu schreiten.

»You can do it« – viel Spaß und Erfolg!

Es macht wirklich Spaß, beim Reparieren und Recyceln zu improvisieren. Teile deine modischen Kreationen und Flick-Erfolge auf Instagram unter dem Hashtag #klamottenretten mit uns.

↑ *Finde heraus, wie du nachhaltiger bei der Kleiderjagd vorgehst und dein Geld effektiv für dich nutzt*

WOCHE 10

Shop smarter

In den letzten neun Wochen hast du dich eingefuchst in die vielen unterschiedlichen Facetten des Achtsam-Anziehens. Du hast erkannt, was beim Shoppen neuer Kleidung in unseren Hirnen vor sich geht, welche Vorgänge uns in Versuchung führen, und TROTZDEM bist du stark geblieben! Jetzt ist der Moment, dir anerkennend auf die Schulter zu klopfen, denn du hast bereits einen weiten Weg hinter dich gebracht und es beinahe geschafft. Am Ende dieser finalen Woche deiner Slow Fashion Challenge hast du durch deinen Shopping-Verzicht stolze 38 Kilogramm an schädlichen CO_2-Emissionen, mehr als 13 440 Liter Frischwasser und durchschnittlich 125 Euro bares Geld eingespart. In den nächsten Tagen wirst du herausfinden, wie du in Zukunft möglichst nachhaltig bei der Kleiderjagd vorgehst und dein Geld dabei sinnvoll und effektiv für dich nutzen kannst.

CONSUMO ERGO SUM – ICH KONSUMIERE, ALSO BIN ICH?

Nachhaltiger Modekonsum bedeutet nicht, einfach so exzessiv wie bisher weiterzushoppen und die Kleidung, die du kaufst, lediglich durch grüne Produkte zu ersetzen. Mit dem nötigen Kleingeld wäre dies zwar machbar, aber selbst ecofaire Klamotten kosten in der Herstellung Energie und Ressourcen. Daher ist es viel wichtiger, dich zu fragen, ob du das alles wirklich brauchst und willst.

Viele Leute kaufen Kleidung, weil Shopping für sie eine Freizeitbeschäftigung ist. Eigentlich geht es dann eher um die gemeinsame Zeit zu zweit und dann kauft man nebenbei so dies und das. In diesem Fall hilft es schon viel, sich dessen bewusst zu werden und sich zu fragen, welche Alternativen es gibt, die einem genauso viel geben wie Shoppen.
Anuschka Rees

Probiere statt Shopping doch einfach mal etwas ganz Neues aus oder experimentiere mit ein paar alternativen Konsumstrategien.

SHARING IS CARING – MODE ZUM MIETEN

In den vergangenen Jahren haben zahlreiche neue Miet-Plattformen das Licht der Welt erblickt. Sie bieten diverse Formate und Mode-Abos für jedes Budget und machen Lust aufs Ausprobieren:

Fairnica – **Green Fashion als Komplett-Kapseln**
Das Start-up aus dem Ruhrgebiet verleiht angesagte Kleidung nachhaltiger Modelabels. Jede »Kapsel« aus fünf bis acht ecofairen Kleidungsstücken wird von einem Profi-Stylisten zusammengestellt und lässt sich untereinander und mit den Basics in deinem Kleiderschrank vielfältig kombinieren. So werden zu jeder Kapsel, die du monatsweise mieten kannst, 30 Outfitbeispiele gezeigt. Die Kapsel »Emilia« habe ich selbst für *Fairnica* entwickelt, gestylt und fotografiert.

↑ *Fashion Leasing – die Suche nach neuen Umgangsformen mit Mode, fernab von Fast Fashion*

Stay awhile – Abwechslung meets Nachhaltigkeit

Auch hier erhältst du Kleidungsstücke ecofairer Modelabels zur Miete (vier Stücke), die du im Vorfeld selbst aussuchst oder zusammenstellen lässt. Neben diesen vier werden noch drei weitere Teile in die Box gelegt. Daraus suchst du zu Hause deine vier Favoriten aus und schickst den Rest kostenlos zurück.

Kilenda – so flexibel wie dein Leben

Seit Neuestem bietet der bekannte Leihservice für gebrauchte Kindermode nun auch Damenmode sowie Umstandsmode (geniale Idee!) aus zweiter Hand. Neben No-Name-Stücken findest du bei *Kilenda* gut erhaltene Markenkleidung und sogar grüne Fashion Brands wie *Armed Angels* zu günstigen Mietpreisen. Besonders praktisch: Du kannst dir die Ergebnisse nach »fair« oder »bio« filtern lassen. Du behältst die Sachen so lange, wie du magst. Die Mindestmietdauer beträgt einen Monat. Danach wird deine Mietgebühr tagesgenau abgerechnet. Einzelstücke gibt es schon ab 3 Euro monatlich (exklusive Versand).

TIPPS

» Aus Nachhaltigkeitssicht lege ich dir besonders die *Kleiderei* (was jedoch nur für die Menschen vor Ort relevant ist) sowie *Fairnica* und *Kilenda* (und ferner *Tchibo Share*) ans Herz.

» Alle diese Onlineplattformen versenden ihre Produkte klimaneutral mit *DHL GoGreen*.

» Zudem werden hier einzelne Kleidungsstücke nicht so häufig hin- und hergeschickt wie bei anderen Miet-Plattformen.

Tchibo Share – Schönes einfach mieten
Seit 2018 hat auch *Tschibo* eine eigene Mietplattform mit neuer und gebrauchter Kleidung für Kinder und Damen im Angebot. Partner ist *Kilenda*, das *Tchibo* bei der Ausführung unterstützt, weshalb beide Plattformen von den Regeln und Abläufen her so gut wie identisch sind. Leider entfällt hier die Option, Produkte nach »bio« oder »fair« filtern zu können. Ansonsten eine durchaus runde Sache.

Kaleih – Kleiderleihe für Schnäppchenjäger
Hier kannst du dir gezielt Secondhandkleidung aussuchen (konventionelle Fast-Fashion-Stücke in gutem Zustand) und monateweise gegen eine minimale Gebühr leihen. Accessoires gibt es teilweise schon ab 1,50 Euro und Tops ab 2 Euro im Monat.

Myonbelle – Überraschungsbox in Dauerschleife
Die kleinste Box (Fashion Flatrate S) umfasst zwei Kleidungsstücke, die du so lange tragen kannst, wie du möchtest. Wenn du die Sachen zurückschickst, werden die Stücke ausgetauscht und du erhältst kostenlos eine neue Box. Basierend auf deiner persönlichen Like-Liste sucht *Myonbelle* alle Kleidungsstücke für dich aus.

Kleiderei – Dein »never ending« Kleiderschrank
Wenn du in der Nähe von Köln oder Freiburg wohnst, kannst du Kleidung gegen eine günstige Monatspauschale offline vor Ort in der *Kleiderei* mieten. Das Angebot an Klamotten umfasst hauptsächlich konventionelle Secondhandstücke und teilweise Einzelteile nachhaltiger Labels.

SECONDHAND- & VINTAGE-MODE

Ganz egal, ob du auf der Suche nach einem ganz bestimmten Stück bist oder einfach nur ein wenig stöbern willst – Secondhandmode ist aus Nachhaltigkeitssicht unschlagbar. Besonders, wenn du lokale Vintage- und Secondhandläden, Tauschpartys oder Flohmärkte per Rad oder mit den öffentlichen Verkehrsmitteln erkundest. Natürlich hat auch die Secondhandjeans irgendwann einmal 60 Wannen voller Frischwasser verbraucht, aber indem du ihr ein zweites Leben schenkst, statt dich für Neuware zu entscheiden, sparst du mal eben ganz elegant mehrere Tausend Liter Wasser ein in deiner persönlichen Konsumbilanz.

Keine andere Strategie verringert den negativen Impact deines Modekonsums beim Shopping so nachhaltig, wie wenn du gebrauchten Stücken öfter den Vorzug gibst.

Überlege dir also genau, welche Orte und Läden du auf der Suche nach Klamotten ansteuerst. Nach deinen Erkenntnissen aus Woche 1 weißt du, wie schnell wir unseren kühlen Kopf verlieren, sobald wir die Schwelle eines Geschäfts übertreten.

GRÜNE MODE IN DEINER UMGEBUNG

Nachhaltige Mode mit aussagekräftigen Siegeln ist leider noch immer Mangelware in den hiesigen Fußgängerzonen und Shopping-Malls. Trotzdem hat die grüne Mode in den vergangenen Jahren langsam, aber sicher Einzug in diverse Läden und Modeboutiquen im ganzen Land gehalten. Wo kannst du die viel beschworene Green Fashion also finden?

Fair Fashion Finder

Auf der einen Seite gibt es Läden, die sich voll und ganz auf grüne Mode spezialisiert haben. Nutze den »Fair Fashion Finder« auf der Homepage von getchanged.net, um dir Geschäfte in deiner Nähe anzeigen zu lassen. Das überregionale Verzeichnis bündelt Stores aus ganz Deutschland, aus Österreich und der Schweiz. Leider finden sich dort nur relativ wenige der wirklich vorhandenen Läden, aber die Plattform kann ein guter Startpunkt bei deiner Suche sein. Wohnst du in einer Großstadt, für die der »Fair Fashion Finder« gleich mehrere Läden vorschlägt, kannst du dir auch die kostenlose App *Fair Fashion Finder* für das iPhone herunterladen und für deine Suche verwenden.

BUY GOOD STUFF

Für das Ruhrgebiet und die deutschen Städte Düsseldorf, Köln und Berlin existieren mittlerweile die kostenlosen, nachhaltigen Shopping-Guides BUY GOOD STUFF, die von der Modehochschule AMD Akademie Mode & Design herausgegeben werden. Eine Version für München ist in Produktion. Über den »Online-Storefinder« gelangst du außerdem zu Green-Fashion-Adressen in der Stadt Bonn (basierend auf dem Einkaufsratgeber des Frauenrechtsvereins *FEMNET e.V.*). Die Onlineausgaben aller Shopping-Guides, Infos zu grünen Stores, Modelabels, Slow Fashion im Allgemeinen sowie zu den aussagekräftigsten nachhaltigen Textilsiegeln findest du super aufbereitet auf der Homepage von *BUY GOOD STUFF* (www.buygoodstuff.de).

Green Fashion Tours

Green Fashion Tours ist der bekannteste Anbieter grüner Shopping-Touren in Berlin und München. Auf der Homepage finden sich Stadtkarten, in denen alle Green Fashion Stores verzeichnet sind. Aber selbst wenn du nicht in einer dieser beiden Städte lebst – vielleicht wäre eine der Touren ja spannend für deinen nächsten City-Trip?

Aber auch außerhalb von Berlin oder München finden sich in deiner Nähe bestimmt ein paar Shopping-Adressen, die grüne Mode im Programm haben.

Mein Tipp: Recherchiere das Angebot in deiner (nächstgelegenen) Stadt mit einer Google-Suche (zum Beispiel »nachhaltige Mode in Essen«) oder begib dich vor Ort auf Erkundungstour. Findest du erst einmal einen Laden, der sich auf grüne Mode spezialisiert hat, kannst du dich dort nach weiteren lokalen Adressen erkundigen. Auch viele konventionelle Geschäfte führen mittlerweile einige nachhaltige Produkte im Sortiment. Es lohnt sich also (besonders bei inhabergeführten Läden), immer wieder nachzuhaken. Indem du dich dort gezielt über nachhaltige Mode informierst, zeigst du den Händlern, dass eine reelle Nachfrage nach grüner Mode besteht, und trägst aktiv zum Nachhaltigkeitswandel in deiner Stadt bei.

ECOFAIRE MODE IM NETZ

Das Angebot an nachhaltiger Mode im Internet ist riesig. Halte die Augen nach ein paar nachhaltigen Modelabels offen, die dich begeistern, und informiere dich in ihren Onlineshops über aktuelle Kollektionen und Produkte. Auf der Homepage (www.peppermynta.de) des wunderbaren Eco-Magazins *Peppermynta* findest du einen sogenannten »Brandfinder«, der dir mit einem Klick viele schöne Fair Fashion Labels vorstellt. Daneben gibt es eine Vielzahl anderer Onlineplattformen, die eine große oder originelle Auswahl an grünen Produkten bieten:

Mit Ecken & Kanten

Das grüne Onlineoutlet bietet denjenigen aussortierten Produkten ein zweites Leben, deren Verpackung zum Beispiel einen kleinen Knick hat, bei denen ein loser Faden stört, es sich um einen Restbestand handelt oder mitt-

← *Dir raucht der Kopf? Langsam, aber sicher wirst du dir deinen Pfad durchs grüne Dickicht bahnen*

lerweile ein anderes Firmenlogo kursiert. Also alles Gründe, weshalb die Waren nicht mehr regulär verkauft werden können. Dabei sind die Artikel meist völlig in Ordnung, aber um 40 bis 60 Prozent reduziert. So kannst du extrem günstig an echte Modeschätze unterschiedlicher Green Fashion Labels kommen und bewahrst sie zudem vor der Tonne. Im Nürnberger Ladenlokal des Outlets kannst du auch offline nach neuen, nachhaltigen Kleiderschätzen fahnden.

Avocadostore
Dies ist der wohl größte Onlinemarktplatz für nachhaltige Mode- und Lifestyle-Produkte in Deutschland. Dort findest du eine riesige Auswahl ecofairer Mode – egal, ob Trendteile, zeitlose Basics oder nachhaltige Unterwäsche.

Neben diesen beiden Plattformen gibt es zahllose weitere Onlineshops für grüne Mode (zum Beispiel *Love it Green*, *homage*, *glore* u.v.m.), nach denen du dich bei Bedarf am besten einmal selbst auf die Suche begibst, um zu entscheiden, welcher am besten zu dir und deinem Stil passt.

Du kannst aber auch auf zusätzliche Shopping-Anreize verzichten und in der Zeit einfach etwas ganz anderes machen.

Ich persönlich bestelle so wenig wie möglich online, weil ich die Erfahrung gemacht habe, dass ich offline viel effektiver bei der Suche nach Kleidung oder Accessoires vorgehen kann. Ich will Stücke bei Tageslicht in Augenschein nehmen und austesten, ob sie mir wirklich passen und stehen. Am nachhaltigsten ist es sowieso, offline einzukaufen, besonders wenn du zu Fuß, per Rad oder mit öffentlichen Verkehrsmitteln unterwegs bist.

ⓘ In deinem finalen IMPULS geht es darum, (lokale) Einkaufsmöglichkeiten für grüne Mode in deiner Nähe aufzudecken Viel Spaß bei deiner letzten praktischen Übung!

KLEINE TEXTILKUNDE

Die Anzahl der verschiedenen Stoffe, aus denen unsere Mode heutzutage gefertigt wird, ist groß. Häufig besteht Kleidung aus einer Mischung folgender Faserarten:

Erdölbasierte Kunstfasern
Dazu gehören zum Beispiel Polyester, Polyacryl, Polyamid oder Elastan. Sie besitzen oft eine extrem lange Haltbarkeit, was aus ökologischer Sicht und aufgrund der angesprochenen akuten Bedrohung durch Mikroplastik ein echtes Problem darstellt. Zudem wird für die Herstellung von »Synthetics« viel Energie verbraucht, was sich beim CO_2-Fußabdruck (der Menge an CO_2, die ein Mensch verursacht) bemerkbar macht. Mehr als 60 Prozent unserer Kleidung bestehen aus klimaschädlichem Polyester. Gerade im Sport- und Outdoor-Bereich fällt es bislang schwer, auf Kunstfasern zu verzichten. Der Grund: Sie besitzen viele praktische Funktionen und können zum Beispiel schnell trocknend, elastisch oder wasserabweisend sein.

Zellulosebasierte Kunstfasern
Dazu zählen Viskose, Modal, Rayon, Kunstseide, Tencel, Lyocell und Bambus. Es handelt sich um halbsynthetisch hergestellte Fasern aus natürlicher Zellulose, die meist aus Holz gewonnen werden. Zellulosefasern haben einen weichen, geschmeidigen Griff, einen

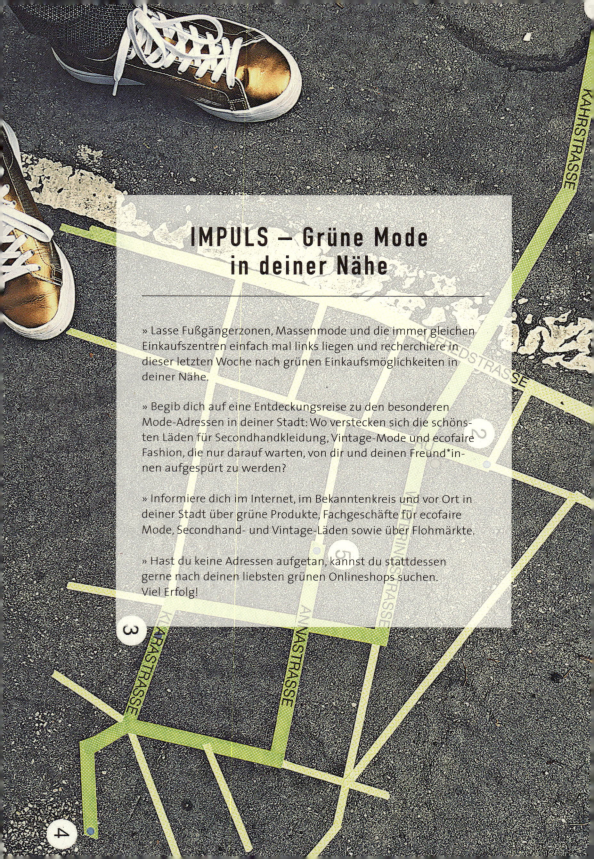

IMPULS – Grüne Mode in deiner Nähe

» Lasse Fußgängerzonen, Massenmode und die immer gleichen Einkaufszentren einfach mal links liegen und recherchiere in dieser letzten Woche nach grünen Einkaufsmöglichkeiten in deiner Nähe.

» Begib dich auf eine Entdeckungsreise zu den besonderen Mode-Adressen in deiner Stadt: Wo verstecken sich die schönsten Läden für Secondhandkleidung, Vintage-Mode und ecofaire Fashion, die nur darauf warten, von dir und deinen Freund*innen aufgespürt zu werden?

» Informiere dich im Internet, im Bekanntenkreis und vor Ort in deiner Stadt über grüne Produkte, Fachgeschäfte für ecofaire Mode, Secondhand- und Vintage-Läden sowie über Flohmärkte.

» Hast du keine Adressen aufgetan, kannst du stattdessen gerne nach deinen liebsten grünen Onlineshops suchen. Viel Erfolg!

seidenartigen Glanz, sind hautfreundlich und können gut Wasser aufnehmen. Die Herstellung konventioneller Zellulose-Regeneratfasern verbraucht jedoch viel Energie und es gelangen dabei zahlreiche giftige Chemikalien ins Abwasser. Tencel und Lyocell sind hervorragende, nachhaltige Alternativen. Sie werden aus FSC-zertifiziertem Eukalyptusholz gewonnen und kommen ohne giftige Lösungs- und Färbemittel aus.

Naturfasern

Naturfasern (Baumwolle, Leinen, Hanf, Seide, Wolle), die derzeit in der Mode zum Einsatz kommen, sind entweder pflanzlichen oder tierischen Ursprungs. Beim Baumwollanbau wird extrem viel Wasser verbraucht und eine riesige Menge toxischer Dünge- und Pflanzenschutzmittel versprüht. Biobaumwolle ist hier die weit bessere Alternative. Naturfasern wie Leinen und Hanf sind seltener zu finden, aber sogar noch weit nachhaltiger, da sie beim Anbau viel weniger Wasser benötigen und praktisch ohne Pestizide oder Düngemittel auskommen.

Seide

Bei der Herstellung von Seide werden Tausende Seidenraupen in ihren Kokons bei lebendigem Leibe gekocht. Danach werden die Kokons entrollt und die so gewonnenen Seidenfäden zur Stoffproduktion verwendet. Alternativ gibt es mittlerweile die sogenannte »Ahimsa-Seide« oder »Peace Silk«, die eine gewaltfreie Seidenproduktion unter strengsten sozialen und ökologischen Standards garantiert. Hier werden die Kokons erst verarbeitet, nachdem die Seidenraupen als fertige Schmetterlinge geschlüpft sind.

TIPPS

» Für Sportbekleidung ist Secondhand eine nachhaltige Option.

» Oder du suchst gezielt nach Stücken aus Naturfasern wie Merinowolle (etwa von *Icebreaker*) oder recycelten Kunstfasern.

» Labels wie *Vaude*, *Patagonia* oder *Bleed* bieten Outdoor-Kleidung aus recyceltem Polyester an, das energieeinsparend aus eingeschmolzenen PET-Flaschen gefertigt wird.

» In Yogafachgeschäften in deiner Nähe finden sich besonders viele nachhaltige Labels.

» Kaufe und trage so wenig erdölbasierte Kunstfasern wie möglich.

» Benutze einen Spezialwaschbeutel (etwa Guppyfriend), um Mikroplastik aufzufangen.

GRÜNE MODE

Grüne Mode bezeichnet Kleidung, die im Vergleich zur herkömmlichen (konventionellen) Mode auf Ökologie und/oder soziale Fairness setzt. Neben neuen Ansätzen im Bereich Recycling-, Upcycling- oder Zero-Waste-Design gibt es derzeit eine Reihe inspirierender Faserinnovationen:

» Piñatex aus den Fasern von Ananasblättern

» die Milchseide QMILK, die aus unverkäuflichen Milchresten hergestellt wird

» die Faser SeaCell aus Algen

» Econyl aus alten Fischernetzen, die im Ozean als Plastikmüll umhertreiben

Wolle
Schon seit Jahrtausenden verarbeitet der Mensch Schafwolle, die einzigartige Fasereigenschaften besitzt: Sie kann Temperaturen ausgleichen und wärmen oder kühlen, ist atmungsaktiv, wasser- sowie schmutzabweisend, schwer entflammbar, biologisch abbaubar und vieles mehr. In den letzten Jahren haben Tierverbände aufgedeckt, dass Schafe in der konventionellen Tierhaltung oft brutale Verletzungen erleiden, weil Arbeiter im Akkord scheren – ohne Rücksicht auf Verluste. Knapp 90 Prozent der Merinowolle stammen hierzulande aus Australien, wo Mulesing leider die gängige Praxis ist. Hierbei werden einjährigen Lämmern ohne Betäubung große Hautstücke im Afterbereich herausgeschnitten, um einem Befall durch Fliegen vorzubeugen.

Achte daher beim Kauf von Wollprodukten auf das Kennzeichen »Mulesing-free« oder entsprechende Wollsiegel wie kbT, INV Best, GOTS oder RWS.

Neben den hier vorgestellten klassischen Stoffen werden jährlich neue innovative und nachhaltige Textilien entwickelt. Ich habe mich lediglich auf die geläufigsten Stoffe konzentriert, die du im Laden am häufigsten antriffst.

DIE WICHTIGSTEN TEXTILSIEGEL

Die Zahl der Textilsiegel ist riesig und unüberschaubar. Neben einer Handvoll aussagekräftiger, strenger Zertifikate gibt es eine unüberschaubare Menge an beliebigen Zertifikaten. Diese stammen oftmals von den Textilunternehmen selbst, um ihren Produkten künstlich einen Mehrwert zu verpassen.

Die Textilsiegel, die für Transparenz, einen hohen Standard an Umweltfreundlichkeit und/oder Fairness stehen, sind:

» GOTS (Global Organic Textile Standard)
» NATURTEXTIL IVN zertifiziert BEST
» MADE IN GREEN by OEKO-TEX®
» FAIRTRADE COTTON
» FAIRTRADE TEXTILE PRODUCTION

TIPPS

App *Siegelklarheit*
Mit der kostenlosen App des Bundesministeriums für wirtschaftliche Zusammenarbeit und Entwicklung kannst du unterwegs im Laden einfach ein fragliches Siegel scannen.
» Die App erklärt dir daraufhin anhand klarer Kriterien, wie nachhaltig das Produkt wirklich ist.
» In der App findet sich vielleicht nicht jedes beliebige Textilsiegel. Die wichtigsten und aussagekräftigsten Zertifikate sind aber alle verzeichnet – eine überaus praktische Ergänzung fürs bewusstere Einkaufen.

Shopping-Tipp
» Bevor du ein Kleidungsstück kaufst, studiere genau das Etikett (siehe seitliche Innennaht).
» Dort finden sich alle Infos zu den Materialien sowie das Textilsiegel und Pflegehinweise. So erfährst du, ob ein Stück zum Beispiel nur chemisch gereinigt werden kann.
» Prüfe vor jedem Kauf das Kleidungsstück auf Herz und Nieren und frage dich, ob es wirklich zu dir und deinen Gewohnheiten passt.

IN DER RUHE LIEGT DIE KRAFT

Den Kick, den ich mir früher über regelmäßige Shopping-Streifzüge geholt habe, verschaffe ich mir heute eher durch Tauschpartys oder die gezielte Jagd nach einzelnen, besonderen Lieblingsstücken. Seitdem ich außerdem herausgefunden habe, wie ich ausgesuchte Fehlkäufe zu Geld machen kann (siehe Woche 6), verkaufe ich alle sechs Monate eine Handvoll an Stücken, die ich nicht trage, und finanziere mir damit die nächsten Kleiderschätze, nach denen ich dann in den folgenden Wochen und Monaten genüsslich stöbere. Auf diese Art gebe ich sogar weniger Geld für Kleidung aus als früher – so viel zu dem Vorwurf, nachhaltige Mode wäre unbezahlbar.

SMART SHOPPING HACKS

Damit du in Zukunft bewusster und achtsamer beim Kleiderkauf vorgehen kannst, habe ich ein paar hilfreiche Tipps und Tricks für dich zusammengetragen:

NEIN DANKE

Melde dich von allen shoppingrelevanten Newslettern ab, lass dir keine Kataloge mehr zuschicken und dich nicht mehr künstlich in Versuchung führen von Sale-Aktionen, Schnäppchenfallen oder sonstiger Werbung für Produkte, die du von dir aus gar nicht kaufen würdest.

MIT BIOPRODUKTEN GEGEN DAS INSEKTEN-STERBEN ANKÄMPFEN

Suche beim Kauf neuer Baumwollkleidung (sowie von Lebensmitteln) gezielt nach Bioprodukten. Die größte Problematik bei der Herstellung herkömmlicher Baumwolle besteht im hohen Wasserverbrauch und dem extrem hohen Einsatz giftiger Pflanzenschutz- und Düngemittel. Sie verunreinigen nachhaltig das Grundwasser, die Böden und schädigen Menschen und Tiere. Die intensive Landwirtschaft beim Anbau konventioneller Produkte gilt heute als Hauptursache für das weltweite Insektensterben. Laut dem *BUND Naturschutz* verschwanden in den letzten 30 Jahren allein in Deutschland über 75 Prozent (!) aller Insekten.

MIT GEDULD ZUM ZIEL

Wenn dich die Lust auf ein neues Stück ergreift, frage dich, ...
» ob du das Teil mindestens 30-mal tragen wirst und es längerfristig gebrauchen kannst.
» ob du ein ähnliches Stück gebraucht bekommst (zum Beispiel über *Kleiderkreisel*, einen Flohmarkt, die nächste Tauschparty, Secondhand- und Vintage-Läden oder entsprechende Miet-Plattformen). Lass dir Zeit, um das perfekte Stück in Ruhe aufzuspüren, und genieße die Jagd.
» ob es ein ähnliches Stück von einem eco-fairen Modelabel gibt (vielleicht sogar gebraucht bei *Kleiderkreisel*, in einem Laden für nachhaltige Mode oder bei einem Onlineshop für nachhaltige Produkte).
» Selbst wenn du am Ende keine grüne Alternative findest, die dir zu 100 Prozent gefällt, und du doch bei einem konventionellen Produkt landest, so bist du viel gezielter und bewusster beim Einkaufen vorgegangen und darfst dir schon einmal gebührend auf die Schulter klopfen.

→ *Lieblingsstück in spe oder Fehlkauf-Falle? Frage dich vor dem Kauf, ob du das Teil wirklich benötigst und wie realistisch es ist, dass du es immer wieder mit Freuden trägst*

LESS BUT BETTER

Indem du beim Einkaufen kritischer abwägst, ...
» kaufst du seltener ein und reduzierst allein damit schon deine persönliche Konsumbilanz und den damit verbundenen negativen Impact.
» verschaffst du dir mehr finanziellen Spielraum pro Kleidungsstück. So kannst du dir bei gleichem Modebudget hochwertigere Produkte leisten, die langlebiger sind und/oder ecofair produziert werden.
» reduzierst du die Gefahr unnötiger Fehlkäufe. Du wirst resilienter gegenüber faulen Kleiderkompromissen. Du weißt genau, was du willst und was ein Stück erfüllen muss, um deinen hohen Ansprüchen gerecht zu werden. Zwar bist du bereit, dich bei Bedarf intensive um einzelne Stücke zu kümmern (reparieren etc.), im Gegenzug muss ein neues Teil deine teure Zeit und Aufmerksamkeit jedoch wirklich wert sein. Daher steigen deine Ansprüche ganz automatisch und damit auch das Niveau deiner Garderobe.

IN A GENTLE WAY, YOU CAN SHAKE THE WORLD.

MAHATMA GANDHI

Outro

FAZIT NACH 10 WOCHEN

Herzlichen Glückwunsch! Du hast deine modische Mission »Achtsam Anziehen« hiermit erfolgreich abgeschlossen! Ich hoffe, die Challenge der vergangenen zehn Wochen hat dir zahlreiche neue, spannende Erkenntnisse und Einblicke in die wunderbare Welt der grünen Mode beschert und dir gezeigt, wie gut bewusster Konsum und kreativer Modespaß zusammenpassen.

In dieser Pyramide habe ich dir noch einmal alle Facetten des Achtsam-Anziehens zusammengestellt:

1. Embrace what you already got
Die vielen Stücke, die wir bereits besitzen und im Alltag gerne übersehen, bilden die Basis einer achtsamen Garderobe. Trage, was du hast, setze altbekannte Teile in einen frischen Kontext oder schenke ihnen ein neues Leben.

2. Share your stuff
Dies umfasst das Tauschen, Leihen und Weitergeben von Mode, etwa im Rahmen von Secondhandmode, Vintage-Kleidung, Tauschpartys oder innovativen Mietkonzepten.

3. Shop smarter
Hier geht es darum, dein Modebudget maximal für dich zu nutzen, indem du bewusster beim Shoppen vorgehst, gezielt in Secondhandmode und ecofaire Fashion investierst – oder vielleicht auch in etwas völlig anderes als Mode. Befreie dich Stück für Stück aus unbewussten Konsummustern und nutze deine finanziellen Ressourcen für das, was aus deiner Sicht zählt, dich langfristig weiterbringt und erfüllt.

4. DIY
So lautet die Spitze der Pyramide – die Königsklasse des kreativen Modeaktivismus.

MEIN FAZIT

Das Wichtigste beim Achtsam-Anziehen ist die grundsätzliche Erkenntnis: Leider gibt es keine Wunderfaser, die es uns erlaubt, so wie bisher weiterzukonsumieren, ohne damit unseren Planeten und damit die Menschheit nachhaltig zu gefährden.

Wollen wir und unsere Kinder langfristig auf diesem wunderbaren Planeten weiterleben, so muss es uns Menschen innerhalb weniger Jahre gelingen, die drohende Klimakatastrophe aufzuhalten. Das erfordert radikale Schritte in der Politik und von jedem Einzelnen von uns. Die Kunst des Achtsam-Anziehens kann ein erster fundamentaler Schritt sein auf dem Weg in eine klimaneutralere Zukunft. Mode kann der Startpunkt sein, von dem aus wir uns schrittweise weitere nachhaltige Lebensweisen und -bereiche erschließen können.

Ich glaube fest daran, dass die Klimakrise uns Menschen die Chance bietet, uns persönlich, als Weltgemeinschaft und als Spezies durch neue Werte wie Achtsamkeit und Mitgefühl weiterzuentwickeln. Wollen wir den

Planeten – unser aller Zuhause – wirklich erhalten, dann ist es höchste Zeit zu handeln. Zeit, sich bewusst zu machen, dass wir weit mehr sind als nur Konsumenten. Zeit für neue, mutige Ansätze, Ideale und Vorbilder, wie es die Jugend mit *Fridays for Future* gerade vormacht. Wenn jede*r Einzelne von uns heute damit beginnt, ein paar kleine Dinge anders zu machen und eine bewusstere Haltung in die Welt hinauszutragen, dann haben wir die Kraft, etwas zu verändern und unseren Kindern die Welt zu hinterlassen, die sie verdienen.

Dabei geht es nicht darum, zu moralisieren und über andere oder dich selbst zu urteilen. Nicht darum, dir ab heute alles zu versagen und nur noch ein schlechtes Gewissen mit dir herumzutragen. Der Schlüssel liegt darin, bei dir selbst anzusetzen und immer wieder bewusst aus dem Mangel-Modus herauszuzoomen. Dich aktiv auf die Suche zu begeben nach der Fülle in deinem Leben und in dir. Und schon fällt es viel leichter, achtsamer zu leben, bewusster und nachhaltiger zu konsumieren und neue, konstruktivere Verhaltensmuster zu kultivieren – ohne auf deine Lebensqualität verzichten zu müssen.

Ich wünsche dir eine spannende Reise.

Liebe Grüße

Dominique Ellen van de Pol

The world has enough for everyone's needs, but not everyone's greed.
Mahatma Gandhi

HIER EINIGE FAKTEN

» Die Modeindustrie ist eine der umweltschädlichsten Branchen überhaupt. 1,2 Milliarden Tonnen an Treibhausgasen werden durch die Herstellung unserer Mode jährlich in die Atmosphäre geblasen – mehr, als der weltweite Flug- und Schiffsverkehr zusammen verursachen.

» Trotzdem soll die globale Modeindustrie sowie unser Kleiderhunger weiterhin rasant wachsen. Laut Greenpeace werden jedes Jahr weltweit 100 Milliarden Kleidungsstücke verkauft – doppelt so viele wie noch vor 15 Jahren.

» Bis 2050 wird die globale Modeindustrie für ein Viertel des weltweiten CO_2-Ausstoßes verantwortlich sein (Prognose der britischen Ellen-MacArthur-Stiftung).

REGISTER

A
Achtsamkeit 12
Altkleider 94 ff.
  die besten Hacks 100 f.
Anleitung
  Anleitung Kleider-
    tausch 75
  Anleitung Selbst-
    akzeptanz 49
  Anleitung Stiltypen 122
Aussortieren 59 ff.
Auswirkungen auf die
  Umwelt 14 f., 34 ff., 97, 110,
  112 f., 116, 153

B
Baumwolle 35 f., 143, 146
Bügeln 115
Button Masala 130

C
Checklisten
  Modeschätze verkaufen 82
  Project 333 33
  Rückblick (Aufgabe) 60
  Weniger Mikroplastik 117
  Ziele (Aufgaben) 16

E
Ecofaire Mode (siehe
  »Grüne Mode«)
Entsorgen 93 ff.
Erdölbasierte Kunst-
  fasern 141

F
Fair Fashion Labels 140 f.
Fair Fashion Shops 139 f.
Fair Fashion Leasing (siehe
  »Mode zum Mieten«)
Fakten
  Achtsamkeit 12
  Achtsam Anziehen 15
  Body Hate 43
  Grüne Mode 144
  Minimalistische
    Garderobe 61
  zur Modeindustrie 153
Farbkombinationen 125 f.
Fast Fashion 14 f., 94 f.
Fehlkäufe, lernen aus 36 f.
Flohmarkt 83 f.

G
Grüne Mode
  Fakten 144
  in deiner Umgebung 139 f.,
    142
  im Netz 140 f.

H
Hacks
  Die besten Altkleider-
    Hacks 100 f.
  Die besten Verkaufs-
    Hacks 88 f.
  Habit Hacks am Kleider-
    schrank 38 f.
  Habit Hacks gegen
    Impulskäufe 26 f.
  Hack Your Beauty
    Habits 51 f.
  Hacks für deine Tausch-
    party 76 f.
  Hacks für mehr Selbst-
    akzeptanz 48 f.
  Hacks zur Kleider-
    pflege 118 f.
  Schnelle Styling-Hacks 132
  Smart Shopping
    Hacks 146 f.

I
Impulse
  Das bin ich! 52
  Deine persönliche
    Wäsche-Challenge 120
  Deinen Modekriterien
    auf der Spur 40
  Der Tauschszene auf
    der Spur 73
  Die Drama Queen
    im Fokus 53
  Discover your Style
    Types 124
  Field of Flowers 29
  Frauchen/Herrchen
    gesucht 90
  Geliebter Leib 52
  Grüne Mode in deiner
    Nähe 142
  Ich lass los 68 f.
  Konmari me! 65
  Lukrativ loslassen 91
  Mix 'n' Match 131
  My very own Swap
    Squad 78
  Note to myself 17
  Refresh! 134
  Shopping-Safari 28
  Sinnvolle Sammelstellen
    in Sicht 96
  Time to say goodbye 102
Impulskäufe 23
  Habit Hacks gegen 26
Intro 9 ff.

K
Kleiderpflege 109 ff.
  Hacks zur 118
Kleiderspenden 95 ff.
Kleidertausch 71 ff.
  Anleitung 75
Kleidung ansprechend
  kombinieren 123 ff.
Kleidung mieten (siehe
  »Mode zum Mieten«)
Kleidung richtig präsen-
  tieren 64 f.

Komplementärkontraste 125 f.
Kondo, Marie 63 ff.
KonMari-Methode 65
Kunstfasern 98, 115 ff.
   erdölbasierte 141
   zellulosebasierte 141 f.

L
Little Black Dress 128 f.

M
Mechanismen beim Shopping 23 ff.
Minimalistische Garderobe 61
Mikroplastik 113, 115 ff.
Mode und Mikroplastik 115 ff.
Mode zum Mieten 128, 136 ff.

N
Nachhaltige Mode (siehe »Grüne Mode«)
Naturfasern 143
Neurologie des Shoppings 21 ff.

O
Onlineshops für nachhaltige Mode 140 f.
Outro 151 ff.

P
Pflege 109 ff.
Polyester 98, 116, 141
Project 333 33, 63

Q
Quellenverzeichnis 156 f.

R
Reparieren 130 ff.
Recycling 97 ff.
Restyle 127 f.

S
Schönheitsideal 42 ff.
Seide 143
Selbstakzeptanz 41 ff.
   Anleitung 49
   Hacks für mehr 48
Shops
   für grüne Mode 139 f.
   für Mietmode 136 f.
   im Netz 140 f.
Sortieren 60 ff.
Spenden 93 ff.
Stil finden 122 ff.
Stuffocation 33 f.
Styling-Hacks, schnelle 132

T
Tauschen 71 ff.
Textilkunde 141 ff.
Textilsiegel 144 f.
Tipps
   Aufräum- und Minimalismus-Experten 66
   Aussortieren 39
   Beauty Habits 51
   für klimafreundliches Shopping 27
   Modevorlieben erkennen 36
   Sport- und Outdoor-Kleidung 143
   Styling-Tipps 128
   Weiterführende Adressen in Sachen Kleiderpflege 119
   zu Mietkleidung 138
   zum smarten Online-Verkaufen 89
   zum Waschen bei gesundheitlichen Einschränkungen 112
Trocknen 110, 114 f.

U
Übungsaufgaben (siehe »Impulse«)
Upcycling 101, 130 ff.

V
Verkaufen 81 ff.
Vintage-Mode 139

W
Waschmittel 112 ff.
Waschtemperatur, die richtige 111 f.
Woche
   Woche 1: Die Neurologie des Shoppings 21 ff.
   Woche 2: Vor dem Kleiderschrank 31 ff.
   Woche 3: Vor dem Spiegel 41 ff.
   Woche 4: Die Kunst des Loslassens 59 f.
   Woche 5: Tauschen und Teilen 71 ff.
   Woche 6: Alte Stücke zu Geld machen 81 ff.
   Woche 7: Sinnvoll spenden und entsorgen 93 ff.
   Woche 8: Kleiderschätze liebevoll pflegen 109 ff.
   Woche 9: Rethink – Alte Stücke in neuem Glanz 121 ff.
   Woche 10: Shop smarter 135 ff.
Wolle 144

Z
Zellulosebasierte Kunstfasern 141 f.

QUELLENVERZEICHNIS

Altkleiderrecycling: Chancen und Grenzen des Textilrecyclings, Artikel im Magazin *Brauchbar* (2018), herausgegeben von *FairWertung*.

Ambrosini, Melissa (2016): *Mastering Your Mean Girl: The No-BS Guide to Silencing Your Inner Critic and Becoming Wildly Wealthy, Fabulously Healthy, and Bursting with Love.*

Asdecker, B. (2019): *Statistiken Retouren Deutschland – Definition.*

Asendorpf, Jens und Neyer, Franz J. (1999): *Psychologie der Persönlichkeit.*

Baier, Heike (2018), Utopia (www.utopia.de): *7 Tipps für die Wahl von Outdoor-Kleidung, die der Natur weniger schadet*, abgerufen am 27.08.2019.

Beekmann, Sarah (2018), Utopia (www.utopia.de): *Viskose: Eigenschaften und Nachhaltigkeit der Kunstseide*, abgerufen am 27.08.2019.

Behrend, Anna (2015), Zeit Online: *Der Trend geht zum Plastik-Treibgut*, abgerufen am 26.07.2019.

Brosius, Alexa (2017), Utopia (www.utopia.de): *Mulesing – wie Merinoschafe für kuschelige Wollpullover leiden müssen*, abgerufen am 27.08.2019.

Carbon Trust, London (2011): Studie: *International Carbon Flows Clothing.*

Carnegie Mellon University, Pittsburgh (2004): Studie: *Macht Shopping glücklich?*

Dörries, Bernd (2018), Süddeutsche Zeitung (www.sueddeutsche.de): *Bitte nicht stören – Altkleider in Afrika*, abgerufen am 31.07.2019.

FAZ (faz.net): Video *Nachhaltige Mode? Wie unsere Kleidung die Umwelt belastet* (2019) © AFP, abgerufen am 27.09.2019.

Fletcher, Kate und Grose, Lynda (2012): *Fashion & Sustainability – Design for Change.*

Fletcher, Kate (2008): *Sustainable Fashion & Textiles – Design Journeys.*

Franklin Associates (1993), American Fibre Manufacturers Association: *Ressource and Environmental Profile Analysis of a Manufactured Apparel Product: Women's knit polyester blouse.*

Freytas-Tamura, Kimiko de (2018), Le Monde diplomatique: *Auch eine Frage der Würde*, abgerufen am 26.07.2019.

Gambelin, Anne-Marie (2018), Artikel auf www.mother.ly: *The psychology of clutter: Why we hold onto 'stuff' – and what that may be teaching our kids.*

Greenpeace (2018): *Faktencheck Konsum.* (Greenpeace: *Konsumkollaps durch Fast Fashion*).

Hermann, Lea (2017), Utopia (www.utopia.de): *Kaputte Kleidung und alte Stoffreste entsorgen: so geht's*, abgerufen am 31.07.2019.

ICONIST (www.welt.de/icon; 2018): *Wie wäscht man empfindliche Wäsche am besten?* Abgerufen am 07.08.2019.

Keuthen, Lara (2019), Peppermynta (www.peppermynta.de): *Fair Fashion – Die besten Online-Shops 2019*, abgerufen am 27.08.2019.

Rees, Anuschka (2019): *Beyond Beautiful. Wie wir trotz Schönheitswahn zufrieden und selbstbewusst leben können.*

Schadwinkel, Alina (2018), Zeit-Magazin (www.zeit.de): *Zum Putzlappen reicht es immer*, abgerufen am 30.07.2019.

Schauberger, Anja (2018), Utopia (www.utopia.de): *Kleiderspende statt Altkleidercontainer: Gebrauchte Klamotten sinnvoll spenden*, abgerufen am 31.07.2019.

Schneider, Willy (2010): *Zur Kasse, Schnäppchen.*

Schreckenbach, Florian (2012), Artikel auf https://nachhaltig-sein.info: *Die andere Wahrheit über Altkleider: 10 Thesen*, abgerufen am 22.04.2019.

Stoffreste ohne Tüte in Altkleidercontainer geben, Artikel auf NWZonline (www.nwzonline.de; 2012), abgerufen am 31.07.2019.

Wrede, Insa (2018), Deutsche Welle (www.dw.com): *Der Altkleider-Wahnsinn: Mit Spenden Schlechtes tun*, abgerufen am 26.07.2019.

Probe, Anja (2017), TextilWirtschaft Nr. 37: *Gibt es ein Leben nach dem Textil-Tod?*

Umweltbundesamt (www.umweltbundesamt.de): Blogartikel *Wäsche waschen. Waschmittel* und *Sparsam und umweltbewusst waschen*, (beide von 2015).

Wieland, Melanie (2019), Planet Wissen (www.planet-wissen.de): *Hygiene*, abgerufen am 07.08.2019.

Windmüller, Gunda (2017), Welt (www.welt.de): *Warum wir neue Regeln fürs Wäschewaschen brauchen*, abgerufen am 07.08.2019.

ÜBER DIE AUTORIN

Dominique Ellen van de Pol, geboren 1982, ist freie Fachjournalistin, Kommunikationsberaterin und Inspiratorin für grüne Mode und bewussten Modekonsum. Nach ihrem Mode- und Textilstudium in Reutlingen, Antwerpen (Belgien) und Indonesien absolvierte sie einen internationalen Master im Bereich Markenkommunikation, Trendforschung und Modetheorie an der Hochschule der Künste ArtEZ in Arnheim (Niederlande). In den vergangenen zehn Jahren arbeitete sie mit unterschiedlichsten Unternehmen und Institutionen in Europa zusammen. Als Green-Fashion-Expertin ist sie ein beliebter Gast in Radio, TV, Magazinen und Zeitungen (u. a.: *WDR*, *Nido*, *GREENLifestyle*, *Brigitte*, *Spiegel*, *Welt am Sonntag*, *FAZ*) und deutschlandweit als Speakerin im Einsatz.

DANK

Ich danke meiner lieben Freundin Katharina, die meine Idee zu einem Buch vor langer Zeit ins Rollen gebracht hat. Ein großes Dankeschön an meine Literaturagentinnen Kristina und Gesa von *Langenbuch & Weiß*, die von Anfang an an das Projekt geglaubt haben. Danke an den Christian Verlag – besonders an Stefanie Gückstock – für die wunderbare, konstruktive Zusammenarbeit. Es macht mich extrem glücklich, neben dem Text auch so viele eigene Fotos, Illustrationen und Zeichnungen zum Buch beizusteuern und einer breiten Öffentlichkeit zugänglich machen zu können. Vielen Dank an Frank Lothar Lange und seine inspirierende Frau Silvia, die stundenlang mit mir vor meinem Kleiderschrank Fotoshootings veranstaltet haben. Danke an meine drei wunderschönen Models und Powerfrauen Anna, Ange und Denise. An meine großartige Familie, ohne die dieses Buch niemals in so kurzer Zeit machbar gewesen wäre: an meinen Mann Joël, der mich immer unterstützt und ermutigt hat. An meine zauberhafte Tochter Noëmi. An die phänomenalen Omas und Opas, Tanten und Onkel und meine Freundin Anna, die sich allesamt rührend um meine Tochter gekümmert haben, damit ich schreiben konnte. An Alexander Nolte von *Stop! Micro Waste* für den spannenden Input und den genialen Guppyfriend-Waschbeutel. Danke an Thimo, Janine und Ariane für das Sichten des Manuskripts und das positive Feedback.

Zuletzt möchte ich allen Leser*innen danken, dass sie dieses Buch in den Händen halten und sich aktiv damit beschäftigen, wie sie einen positiven Beitrag in dieser kritischen Zeit leisten können. So überwältigend die aktuellen ökologischen und sozialen Probleme auch erscheinen mögen – es macht Mut zu erleben, wie sich immer mehr Menschen formieren und gemeinsam ein Umdenken einfordern.

IMPRESSUM

Verantwortlich: Sonya Mayer
Produktmanagement: Stefanie Gückstock
Redaktion: Claudia Weingartner
Korrektur: Judith Bingel
Layout: Elke Mader
Umschlaggestaltung: Leeloo Molnár
Repro: LUDWIG:media
Herstellung: Anna Katavic, Barbara Uhlig
Printed in Slovenia by Florjancic

Text: Dominique Ellen van de Pol

Bildnachweis:
Albers Artwork: S. 130.
Dominique Ellen van de Pol: S. 4, S. 6, S. 15, S. 16, S. 21, S. 22, S. 25, S. 26, S. 31, S. 41, S. 42 links, S. 42 rechts, S. 44, S. 45, S. 46, S. 47, S. 50, S. 51, S. 62 links, S. 62 rechts, S. 71, S. 72, S. 74, S. 91, S. 94, S. 101, S. 121, S. 123, S. 124, S. 132, S. 134, S. 142, S. 147, S. 152, Cover links; Cover rechts oben.
Frank Lothar Lange: S. 13, S. 27, S. 32, S. 37, S. 52/53, 54/55, S. 87, S. 90, S. 126, S. 137, S. 157, S. 158.
Joël M. van de Pol: S. 10, S. 38, S. 99, S. 100, S. 125 links, S. 127, S. 129, S. 131, S. 140, Cover rechts unten.
shutterstock.com: S. 8/9 und S. 18/19 und S. 56/57 und S. 106/107 und S. 150/151/Arkhipenko Olga, S. 12/Restuccia Giancarlo, S. 14/Floral Deco, S. 28/Maly Designer, S. 29/MSNTY, S. 34/Anna Klepatckaya, S. 17 und S. 35/j.chizhe, S. 40/Kiian Oksana, S. 48 und S. 79 und S. 81 und S. 135/WAYHOME studio, S. 59 und Umschlagrückseite/Marina_D, S. 61/Elena Mitusova, S. 65/New Africa, S. 67 und S. 68/69 und S. 104/105/Pinkasevich, S. 73/nito, S. 76/evrymmnt, S. 78/REDPIXEL.PL, S. 83/Pixel-Shot, S. 84/Dean Drobot, S. 86/Champion studio, S. 88/Yulia Grigoryeva, S. 93/Martin de Jong, S. 96/8_visual, S. 102/suriya yapin, S. 109/Didecs, S. 110/offstocker, S. 113/Nedim Bajramovic, S. 114/thepiwko, S. 118/Yuganov Konstantin, S. 119/images72, S. 120/Michelle Patrick, S. 125 rechts/ Anastasiia Novikova, S. 148/149/Rawpixel.com.
STOP! MICRO WASTE gUG: S. 115, S. 116.

Wir danken Fairnica für die Bereitstellung der Collage auf S. 129.

Zeichen und Siegel:
S. 145: GOTS Copyright © Global Organic Textile Standard, MADE IN GREEN by OEKO-TEX® Copyright © OEKO-TEX® Service GmbH, NATURTEXTIL IVN zertifiziert BEST Copyright © Internationaler Verband der Naturtextilwirtschaft e.V., Fairtrade Textile Production und Fairtrade Cotton Copyright © TransFair e.V.

Sind Sie mit diesem Titel zufrieden? Dann würden wir uns über Ihre Weiterempfehlung freuen. Erzählen Sie es im Freundeskreis, berichten Sie Ihrem Buchhändler oder bewerten Sie bei Onlinekauf. Und wenn Sie Kritik, Korrekturen oder Aktualisierungen haben, freuen wir uns über Ihre Nachricht an Christian Verlag, Postfach 40 02 09, D-80702 München oder per E-Mail an lektorat@verlagshaus.de.

Unser komplettes Programm finden Sie unter:

www.christian-verlag.de

Alle Angaben in diesem Werk wurden von der Autorin sorgfältig recherchiert und auf den aktuellen Stand gebracht sowie vom Verlag geprüft. Für die Richtigkeit der Angaben kann jedoch keinerlei Haftung übernommen werden. Weder die Autorin noch der Verlag können für eventuelle Nachteile oder Schäden, die aus den im Buch gegebenen praktischen Hinweisen entstehen, eine Haftung übernehmen.

Sollte dieses Werk Links auf Webseiten Dritter enthalten, so machen wir uns die Inhalte nicht zu eigen und übernehmen keine Haftung für die Inhalte.

Die Deutsche Nationalbibliothek verzeichnet diese Publikation in der Deutschen Nationalbibliografie; detaillierte bibliografische Daten sind im Internet über http://dnb.d-nb.de abrufbar.

© 2020 Christian Verlag GmbH, Infanteriestraße 11a, 80797 München

Alle Rechte vorbehalten.

ISBN 978-3-95961-399-6

Ebenfalls erhältlich ...

ISBN 978-3-95961-370-5

ISBN 978-3-95961-190-9

ISBN 978-3-95961-284-5

ISBN 978-3-95961-405-4

www.christian-verlag.de